本书受教育部人文社会科学研究规划基金项目资助
（项目名称：媒体融合背景下新闻主流舆论引导机制研究
项目编号：17YJA860004）

新媒体
舆论治理研究

邰书锴◎著

知识产权出版社
全国百佳图书出版单位
—北京—

图书在版编目（CIP）数据

新媒体舆论治理研究 / 郜书锴著 . — 北京 : 知识产权出版社，2020. 8
ISBN 978-7-5130-7077-5

Ⅰ . ①新… Ⅱ . ①郜… Ⅲ . ①传播媒介—舆论—研究 Ⅳ . ① G206. 2

中国版本图书馆 CIP 数据核字（2020）第 135105 号

责任编辑：陈晶晶　　　　　　　　　　　　责任校对：谷　洋
封面设计：李志伟　　　　　　　　　　　　责任印制：孙婷婷

新媒体舆论治理研究

郜书锴　著

出版发行：	**知识产权出版社**有限责任公司	网　　址：	http：//www.ipph.cn
社　　址：	北京市海淀区气象路 50 号院	邮　　编：	100081
责编电话：	010-82000860 转 8391	责编邮箱：	shiny-chjj@163.com
发行电话：	010-82000860 转 8101/8102	发行传真：	010-82000893/82005070/82000270
印　　刷：	北京虎彩文化传播有限公司	经　　销：	各大网上书店、新华书店及相关专业书店
开　　本：	720mm×1000mm　1/16	印　　张：	11
版　　次：	2020 年 8 月第 1 版	印　　次：	2020 年 8 月第 1 次印刷
字　　数：	170 千字	定　　价：	59.00 元

ISBN 978-7-5130-7077-5

序言

　　新媒体指所有源自或依赖互联网技术、数字技术及移动通信技术生存与发展的媒体形式、软硬件或信息服务方式。由此，新媒体舆论是指在互联网、数字及移动媒体等新载体上传播的公众对公共议题所公开发表的相对一致或相近的意见或言论，亦是现实民意借助于新媒体实现的表达权、参与权、知情权和监督权。新媒体舆论正以主流舆论的姿态巩固和占领舆论的新阵地。以互联网交互世界为代表的新媒体为人类的社会生活带来一种可能的交往意义空间，网络世界真正将信息权以低成本的方式还原到每个现实个体的身上，由此而产生的将是一个丰富、多元化的人类社会空间。网络支撑的不仅是一种信息权力结构，实质上，它构筑的是对时代精神的回应机制，在这种机制之中，网络交互行为的参与者能够通过相互之间的沟通从而达到对理想的公共领域的塑造。但是，这种在网络交互行为背景下对公共领域的塑造过程是漫长的。

　　新媒体已经成为新型主流媒体。主流媒体可以是传统媒体，也可以是新媒体，只要能够正确表达国家话语、体现社会主义核心价值、为人民群众喜闻乐见并具有足够影响力的媒体，都应该属于新型主流媒体。新媒体语境下，舆论多元化往往造成价值观的分化甚至对立，如果主流舆论阵地受到冲击，极易引发新闻价值观危机和社会动荡，从而会逐渐演化为一种国家危机。而动用国家权力干预新闻传播业，实质是推行新闻传播业发展的国家战略，目的是通过国家权力防止滥用新闻自由，实现新闻报道的客观公正，使新闻传播业为促进国家发展服务。在此背景下，重塑新闻传播业的核心价值体系具有重大社会意义。在人类现代化发展进程中，新闻传播业的核心价值观被认为是促进社会发展的重要手段。然而，社会危机会对新闻传播业的公共服务职能、新闻报道立场、社会责任原则等核心价值观造成巨大乃至毁灭性冲击。因此，新闻传播业价值观的重塑亟须在社会转型进程中吐故纳新，把坚守社会责任这一核心价值观放在突出位置，不断完善和优化新闻传播业的核心价值体系。社会的价值体系是由一组观念决定的，观念是关于对象的认识或意识、信念和想象。霍布豪斯说，巨大的变革不是由观念单独引起的，但是没有观念就不会发生变革。同样，新闻观念是关于新闻的认识与信念，马克思新闻观是马克思主义经典作家关于新闻活动和新闻事业发展规律的认识与信念，这是我国新闻事业形成、发展和改革的基本经验和指导原则。坚持新闻事业的制度自信、理论自信和道路自信，就是要坚持和加强马克思主义新闻观，这是决定我国新闻事业发展和变革成功的关键，新媒体时代的马克思主义新闻观不但不能削弱，反而需要加强。

如今，全球新闻传播业进入一个崭新的时代，新媒体所具有的双向性、便携性、海量性和草根性等特点无疑会催生包括网民在内的广大公民的自主意识，而这种自主意识的唤醒会逐渐促进公众对于公共事务的关注和参与。在这个意义上产生的公共新闻，将会以一种新的新闻报道理念和方式发展成为一种新的新闻报道领域。新媒体催生的受众参与新闻传播的热情，由新的新闻传播理念、传播渠道和传播方式催生的草根意识、民主意识，都在孕育着公共新闻的诞生和壮大，政治文明迎来新时代。政治文明拓展了马克思主义关于社会结构的学说，为马克思主义新闻学的发展提供了更大的空间。童兵教授把政治文明归纳成一个制度、两个机制、三个规范，这个制度就是现代民主政治制度，这一制度的实质在于还权于民、还政于民，真正实现人民当家做主，新闻媒体是人民参与民主建设和舆论监督的重要渠道；两个机制是民主运行机制和社会监督机制，人民代表大会制度保证人民行使国家权力，并通过以媒体监督为主要实现途径的社会监督来保障民主制度的有效运行；三个规范指的是观念规范、法律规范和道德规范，新闻传播事业必然在三个规范的约束和广阔空间里得以快速发展。因此，政治文明建设必然要求完善和构建新的新闻传播体制，其根本的要求是新闻传播体制的开放性、民主性和合法性。政治文明建设向新闻监督提出了更高的目标，要求监督要直指一切丑恶、腐败和消极现象。政治文明建设还要求党委部门和新闻传播机构及全社会确立民主、科学的新闻传播观念，特别要确立将知情权和传播权作为基本人权的观念，推进新闻传播事业切实为人民服务、为政治文明建设服务。

马克思主义提出，舆论是一种普遍的、隐蔽的和强制性的力量。在复杂的社会系统中，舆论与导向犹如社会前进的双轮，舆论反映人心向背，导向决定事业的成败。正确的舆论导向不仅仅包括正确的政治导向，还包括正确的经济导向和正确的价值导向。新闻舆论处于意识形态的最前沿，做好舆论引导工作，关系道路和方向，关系人心和士气，关系中心和大局，是新闻宣传工作的重中之重，是意识形态工作的重要内容。习近平总书记提出，党的新闻舆论工作的职责和使命是：高举旗帜、引领导向，围绕中心、服务大局，团结人民、鼓舞士气，成风化人、凝心聚力，澄清谬误、明辨是非，联接中外、沟通世界。党的新闻舆论工作者要承担起这个职责和使命，必须把政治方向摆在第一位，牢牢坚持党性原则，牢牢坚持马克思主义新闻观，牢牢坚持正确的舆论导向。党的新闻舆论工作是党的一项重要工作，是治国理政、定国安邦的大事，要适应国内外形势发展，从党的工作全局出发把握定位，坚持党的领导，坚持正确的政治方向，坚持以人民为中心的工作导向，尊重新闻传播规律，创新方法与手段，切实提高党的新闻舆论之传播力、引导力、影响力、公信力。2019年1月25日上午，中共中央政治局就全媒体时代和媒体融合发展举行了第十二次集体学习。中共中央总书记习近平在主持学习时强调，推动媒体融合发展、建设全媒体成为我们面临的一项紧迫课题。我们要运用信息革命成果，推动媒体融合向纵深发展，做大做强主流舆论，巩固全党全国人民团结奋斗的共同思想基础，为实现"两个一百年"奋斗目标、实现中华民族伟大复兴的中国梦提供强大的精神力量和舆论支持。

目 录

第二编　新媒体与舆论治理

第一编　新媒体与新闻变革

第一章　新媒体的变革性力量

新媒体从技术形态、产业演进到社会影响、治理制度等方面对传统的社会结构产生了巨大影响，并对公共政治生活和传统传播结构产生了深远的、不可逆转的影响。在技术、内容、市场和竞争等媒介融合的核心驱动力之下，传统互联网与移动互联网的快速发展把人类带入"互联网+"时代，伴随着与其密切关联的智能化新技术和新应用的迅猛发展，依托网络存在的各类新媒体，通过电脑、手机、移动端和可穿戴设备等逐渐渗入人类生活的方方面面并对其产生了革命性的影响。而正是因为新媒体带来了巨大的文化、经济和社会变革，对新媒体的系统研究才愈发紧迫和有意义。

然而，一方面，研究新媒体的视角多种多样，例如，韦路和丁方舟从传播学角度入手，探讨和总结了社会科学研究范式、批判研究范式和诠释研究范式的新媒体研究❶；吴鼎铭则着眼于新媒体和公民运动之间的深层互动关系❷。另一方面，新媒体的新形态也层出不穷，潘祥辉总结了从最初的博客和论坛到微博，再到微信和社交网站等新媒介和新媒介形态❸。新媒体研究者除了关注和应对各类新兴事物，也应停下脚步，认真地回顾、梳理和思考新媒

❶ 新媒体研究涉及多个学科，不同学者采用的研究路径与方法也不同，探索传播研究转型与新媒体的关系是媒介融合研究的一个重要视角，参阅：韦路，丁方舟. 论新媒体时代的传播研究转型［J］.浙江大学学报（人文社会科学版），2013（4）：94.

❷ 新媒体被认为是自我赋权的工具，公民由此积极参与社会运动，二者之间的互动关系是一个重要研究领域，参阅：吴鼎铭. 西方新闻传播学关于新媒体与社会运动的研究现状［J］.福建师范大学学报（哲学社会科学版），2013（4）：165–171.

❸ 新媒体技术进步，形态繁多，其属性则是一个传统新闻学的话题，参见：潘祥辉. 新媒体的商业属性及其政治效应［J］.文化纵横，2014（3）：100–106.

体研究多年来的成果，跳出繁杂的理论争执，找到彼此研究的共通之处。与此同时，中国的新媒体在互联网蓬勃发展的大背景下迅猛普及，网民规模迅速扩张为全球第一，2014年6月我国手机网民规模首次超过PC用户。2018年1月31日，中国互联网络信息中心（CNNIC）发布的第41次《中国互联网络发展状况统计报告》（简称《报告》）显示：截至2017年12月，我国网民规模达7.72亿人，普及率达到55.8%，超过全球平均水平（51.7%）4.1个百分点，超过亚洲平均水平（46.7%）9.1个百分点；其中，手机网民规模达7.53亿人，占比由2016年的95.1%提升至97.5%；与此同时，使用电视上网的网民比例也提高了3.2个百分点，达28.2%；台式电脑、笔记本电脑、平板电脑的使用率均出现了下降，手机不断挤占其他个人上网设备的使用。以手机为中心的智能设备，成为"万物互联"的基础，车联网、智能家电促进"住行"体验升级，构筑个性化、智能化应用场景。移动互联网服务场景不断丰富、移动终端规模加速提升、移动数据量持续扩大，为移动互联网产业创造了更多价值挖掘空间。

由此可见，中国受众大规模向移动互联网平台迁移，移动终端成了人们接触媒体的主要渠道之一。

在此大背景下，选取当今媒体变革中最具代表性的特质——"媒介融合和参与文化"作为研究的切入点，可以使人们更有效而深刻地体会新媒体的

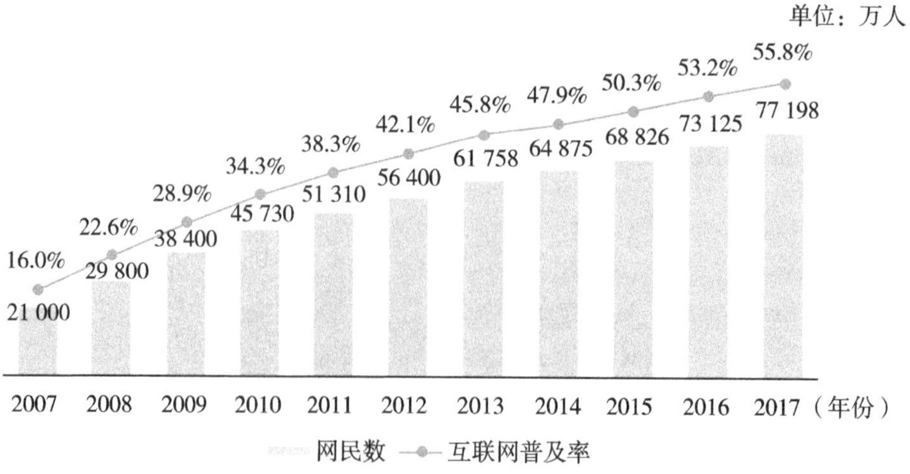

单位：万人

图1-1 中国网民规模和互联网普及率（截至2017年12月）

单位：万人

图1-2　中国手机网民规模及其占网民比例（截至2017年12月）

内涵。同时，通过研讨分析新媒体与政治生活、传统媒体的关联，可以帮助人们辨认新媒体的哪些主要属性在塑造我们所身处的大环境。

第一节　新媒体争论与辨析

在进入新媒体的特质讨论之前，有必要厘清新媒体的概念并进行界定。20世纪70年代末，学者Lievrouw认为，新媒体用于指代研究社会学、心理学、经济学、政治学和文化学的信息传播工具，即那些与传统大众媒介不同的载体。[1]但是伴随着互联网和电子技术日新月异的发展，新媒体的含义也随之发生了巨大变化。一方面，许多学者从历史的角度指出，新媒体的"新"不言而喻，是相对于传统媒体——印刷、广播、电影和电视等的"旧"而言的。因此，新媒体的概念是相对的和发展的。毕晓梅认为，只有在与历史中出现过的媒体的比较中，新媒体才能获得其稳定的内涵和延伸。[2]另一方面，尽管新媒体依托数字化技术和互联网涵盖了极广的领域，但是其本身还没有建立如传统媒体一般的完整产业体系，无时无刻不在运动变化着，因而定义新媒体非常困难；但新媒体又是一个时间的概念，在一定的时间段之内，应该有一个相对稳定的内涵❶。由此，新媒体在此指所有源自或依赖互联网技术、数字技术及移动通信技术生存与发展的媒体形式、软硬件或信息服务方式。据此可知，电视显然不是现今所认为的新媒体，但是电视与电脑相结合而组成的数字录像机，如硬盘数字录像机系统（TiVo System）则可被认为是新媒体❷。

尽管对于新媒体的定义众说纷纭，新媒体研究的学者们对于其独有的特点的认知倒是相对一致。根据Martin Lister等人在*New Media：A Critical Introduction*一书中的总结，新媒体大致有以下六个特征。[3] 第一，它以数字化技术（digital）为依托。第二，它强调互动性（interactive），信息的受众也能随意地添加、更改或合成所接收到的内容。第三，新媒体具有超文本性（hypertextual）。它允许将文字、图像、图形、声音、动画或影视片段等多种媒体结合，一起来表示信息，而这些媒体之间也是用错综复杂的超级链接组织的。第四，新媒体高度网络化（networked）。万维网、社交网站或者各类在线论坛等各类新媒体，都深深地依赖巨大的、密集的和全球化的互联网来建立连接。第五，新媒体具有虚拟性（virtual）。新媒体的许多应用都给用户带来虚拟的世界、虚拟的空间、虚拟的身份以及虚拟的话语等虚拟的体验。第六，与虚拟性密切相连的是新媒体的模拟性（simulated）。尽管模拟性经常被提及，但它缺乏有效的定义。新媒体的模拟性不是简单地对真实的虚假复制，而是一个真实的过程，此过程是人工的和虚构的，并会产生真实的新物体。

---

❶ 因为内涵复杂，新媒体的定义很难界定，但对理论研究而言，仍需一个相对稳定的含义，学者们给出了一些建议，具体参见：熊澄宇，等.中国新媒体与传媒改革：1978—2008［J］.清华大学学报（哲学社会科学版），2010（1）：127-132；毕晓梅.国外新媒体研究溯源［J］.国外社会科学，2011（3）：114-118.

❷ 国内外学者对此都有论述，具体内容参见：宫承波.新媒体概论［M］.北京：中国广播电视出版社，2011；毕晓梅.国外新媒体研究溯源［J］.国外社会科学，2011（3）：114-118；LOGAN，R K. Understanding new media：extending［M］. Marshall McLuhan：Peter Lang，2010.

不管定义如何迥异，但新媒体正在成为主流媒体已不容置疑。不同的学者对主流媒体做出如下不同的定义。从政治角度上的定义，主流媒体是影响力大、起主导作用、能够代表或左右舆论的省级以上媒体，主要是指中央、各省市区党委机关报和中央、各省市区广播电台、电视台，以及其他一些大报大台。从社会角度上的定义，主流媒体就是关注社会发展的主流问题，成为社会主流人群所倚重的资讯来源和思想来源的高级媒体；主流传媒就是以吸聚最具社会影响力的受众，作为自己市场诉求的传媒。从经营角度上的定义，媒体必须具备三个条件才能成为主流媒体，即有较大的发行量、收视率，有较多的广告营业额，具有很大的影响力和权威性；主流媒体就是依靠主流资本，面向主流受众，运用主流的表现方式，体现主流观念和主流生活方式，在社会中享有较高声誉的媒体。从上述定义来看，新媒体与传统媒体，谁是主流媒体，还需用数据说话。从媒体的属性来看，传统媒体多为官方媒体，但也有很多非常有影响力的新媒体也出身于官媒，传统媒体的转型就是不断扩展自己的新媒体平台。由此可知，虽然理论上还存在争议，新媒体实际上已经跻身主流媒体。

第二节　媒介融合与新文化

通过对新媒体内涵和特征的剖析，不难看到，新媒体的丰富性令人惊叹。的确，近些年，新媒体研究伴随着新媒体的成长也展现了百花齐放的态势。其中，无论是融媒时代的到来还是公民大量、活跃的媒体参与，无疑都极为引人注目。

早在20世纪50年代，Colon就指出，美国的一些报社就曾尝试过媒介融合的操作，具体做法是将电视台纳入自己名下，与报社分享一些信息资源。[4]进入80年代，美国马萨诸塞州理工大学的Itiel De Sola Pool教授在《自由的科技》一书中首度提出媒介融合的概念，各种媒介开始呈现出多功能一体化的趋势。在新媒体日益壮大的今天，媒介融合的概念相对应地演绎出了更丰富的内涵。进入21世纪，媒介融合继续深入发展，Henry

Jenkins认为，当人们在谈论媒介融合时，至少触及五方面的内容：技术融合、经济融合、社会或组织融合、文化融合及全球融合。[5]根据其观点，第一，技术融合是如Nicholas Negroponte所描述的从"从原子到比特"的转变，是将所有的文字、图像和声音数字化，它们之间可以互相关联并在不同平台上自由流动。第二，经济融合是指娱乐业的横向合并。Jenkins在其另一篇文章中提到好莱坞的大型娱乐公司，如时代华纳，对电影、有线电视、网络电视、广播、报纸、杂志、书籍发行和电子媒体都一致地保持兴趣和控制权。[6]第三，社会或组织融合是指消费者用来应对新信息环境的一种多任务策略。该融合保证用户，如一名高中生，可以一边在大屏幕电视上观看棒球比赛，一边听立体音乐，一边写作论文，一边与好友进行邮件通信。第四，文化融合是指在各类媒体技术、媒体行业和消费者的交集部分，充分挖掘可创新之处。媒体融合促进新的文化参与。精明的公司由此培养消费者的忠诚度并且生成低成本的内容。这种融合也鼓励跨媒介的讲述方式和多渠道媒体内容的传播。第五，全球融合被视为媒体内容在全球化的流动中带来的文化杂交现象。在娱乐界，比如说，亚洲电影文化的全球传播对好莱坞娱乐业产生了深刻的影响。Jenkins还认为那种认为融合仅仅是所有的媒体技术聚集到一起，组成一个黑箱子（black box）的观点越来越受到挑战，因为媒介的新装备和新平台在不断地繁殖、扩大；[7]而融合在当今更多的是内容的合并。除此之外，Martin Lister等人对Jenkins的观点极为赞同，且认为除了内容的融合之外，媒体企业的合并以及受众在分散的媒介间所做的融合行动共同组成了当下融合的真正含义。[8]

与此同时，与媒介融合息息相关的，正是参与文化的兴起和蓬勃发展。正如Jenkins所言，媒介融合的概念不应简单地理解为一个技术过程，而是代表了一种文化的转变——因为消费者被鼓励去寻找新信息并在分散的媒体内容间建立联系，一句话，媒介融合极大地依赖于消费者的积极参与。[9]参与文化迥然于旧观念所认为的媒体受众是被动的接受者，而是强调在新媒体环境下，它们与媒体生产者都作为媒体参与者，在互相影响、互相作用，绝非以往二者扮演着分离的角色。得益于新媒介的出现，从录像机到数字相机，再到手机等便携式电子装备及电脑和视频游戏等软件技术，Jenkins向我们展示了在技术的革新中诞生的新媒体，不仅改变了媒体被生产和消费的方式，更重要的是，它们消解了进入和参与媒体领域的巨大障碍。[10]由此，Terry Flew认为，参与文化的出现彻底颠覆了以往一对多（one-to-many）的大众传播模式，而转向新媒体支持下的横向（horizontal）和多对多（many-to-many）的传播模式。[11]而另一些欧美学者从深入研究具体的单个新媒体出发，描绘其带来的参与文化的浪潮多么巨大。比如说，Clement Chau更是在其专论*YouTube as a Participatory Culture*中，详细描述了以YouTube为代表的新媒体为参与文化提供了多么广阔的平台，并由此总结了参与文化的五大特征，包括为艺术创作和公民参与提供了相对低的参与门槛，对内容创作和分享的强有力支持，非正式的导师制，拥有贡献很重要的信念，以及深深的社会联系感。[12]

综上所述，在新媒体迅猛发展的支持下，参与文化开启了一个更加崭新的时代——技术的、商业的、文化的和社会的变革都仰仗于谁掌握了说话的权利和说了什么。而媒介融合和参与文化则共同对传统媒体的生存和发展提出了更为苛刻的要求。

第三节 公共生活的新愿景

在"融合和参与"为内外驱动力的新媒体环境下，个人参政议事的渠道被大大扩展，每个人都被赋予了说话的权利，人人都有麦克风，人人都有自媒体，这从很大程度上改变了政治生活的蓝图。在西方学界，很多乐观者从公共领域（public sphere）的角度出发，探讨融媒和媒体参与在多大程度上促进了民主参与程度的加深。比如说，Jean Burgess等人利用人们日常的创造性行为，如相片共享和媒体内容创作，来展示人们是怎样建立、参与和维护其共建的文化空间（cultural public sphere）以及人们在此公共空间中商讨对他们而言都非常重要的话题。[13]再比如，美国传播学者泰拉尼安认为，新媒体的参与文化突破了旧式单向、无反馈的传播模式，而代之以横向的和自愿结合的传播方式，有利于促进社会的民主化程度。他用社群（community）来解释以互联网为核心的新媒体是如何培养、建立起来许许多多不同爱好的群体，新媒体用户在此间就自己感兴趣与关心的话题发表看法，交流观点。如此一来，"传统的统一传播模式被传播工具的非群体化所解构，社会公众细分为更多的小群体。这些比较小的、分散的集团，彼此互相接受并发出大量他们自己的形象信息，用他们的交流行为变革了促进民主政治的方式"[14]。

而Michael Gurevitch等人则立足于政治传播学，提出了新媒体的参与对公民的政治生活参与并不全然是积极的影响。[15]他们认为，尽管新媒体提供了更多的内容创作机会、获取信息的渠道以及参与政治评论的平台，但是有深度、有思想和以事实调查为基础的政治资讯几乎奄奄一息；此外，新媒体的参与文化造成了群体极化现象，即参与者只同与自己有相同观点的知音和支持者相联系，而隔绝了公共空间得以形成的重要条件——遇到与自己立场、观点和价值观等不一样的受众的可能性。这样，不同意见群体间的鸿沟会加深，彼此找到共识点的可能性也大大下降。

而反观中国，新媒体的使用与政治生活的联系似乎更加普遍。根据William H. Dutton关于全球互联网价值观的比较研究，中国的互联网用户的内容生产数量（发帖数）大大超过美国等西方国家，而其中每周发表的具有政治观点的帖数是美国的两倍以上。[16]诚然，新媒体在中国的出现和兴盛，尤其以微博、微信为代表，掀起了前所未有的公共议题传播的实践。从传播学和政治经济学的角度来看，新媒体的参与文化改变了信息生产和传播的同时即改变了公众、政府、社会精英和传统媒体等之间的权力对比，一句话，新媒体可以对底层民众进行"传播赋权"（communication empowerment）❶。而近年来的网络舆情事件、网络问政、人肉搜索、公共启

---

❶ 传播赋权是一个新概念，其本质指涉互联网的自然属性，是相对于传播精英的特权而言的，具体参见：韦路，丁方舟.论新媒体时代的传播研究转型［J］.浙江大学学报（人文社会科学版），2013（4）：94；邱林川，陈韬文.前言：迈向新媒体事件研究［M］.//邱林川，陈韬文.新媒体事件研究.北京：中国人民大学出版社，2011.

蒙等借助新媒体的东风成为中国人生活的常态，则很好地体现了上述观点。复旦大学的李良荣教授在2011年中国传播学论坛会议上，根据其对几件典型的网络群体性事件的分析得出结论："网络群体性事件有着鲜明的指向性，有着集中的诉求，传播符号呈现娱乐化倾向。大众政治影响着中国的民主政治进程、政治走向，并重构着中国的政治结构。"[17]张春贵从网络问政着手，大胆地指出以互联网为主构建的新媒体，其承担的舆论监督职能的广度和深度远超纸媒、广播和电视媒介。[18]新媒体之所以能发挥如此强大的威力，很重要的一个原因正是它满足了民众活跃的政治参与需求。传播学中的"守门人"——信息传播中存在的一道道"关卡"在过滤或阻碍或中止信息在传播者和受众之间的传递过程中，展示了新媒体下的参与是怎样颠覆传统的"守门人"的——不仅普通受众成为事件和信息的收集者、编辑者、发布者，而且什么信息可以发布也掌握在普通受众手中。除了纯粹的新媒体与政治生活的研究，也有一些国内学者从其他角度切入，探讨新媒体的参与文化如何引起政治生活的变化。比如说，潘祥辉从新媒体的商业属性入手，提出新媒体在中国的发展及其产生的社会影响是一个充满意料外后果的过程："商业模式不经意间培育了政治公众……互联网的商业革命不小心引爆了政治喧哗。"[16]而他所谓的商业模式就是指新媒体鼓励用户参与带来的网络效应，这种效应就是一种巨大的商业资源，大众参与理念被激发和培养起来后，很容易也很自然地迁移到了政治和社会领域。

而新媒体的巨大威力也引起了国家的高度关注。新媒体被认为重塑了中国人的生活方式，"扩展了个人参议政事的渠道，也成了各种利益集团影响政治的工具"❶。新媒体参与文化带来的中国公共生活的改变依然是有目共

❶ 媒体与政治的关系是社会结构的一部分，网络媒体主动或被动参与政治，甚至依靠政治力量推行网络霸权。内容可参见：林子恒.西方媒体对华强推"网络自由"[M].//黄楚新，等.中国新媒体发展报告.北京：社会科学文献出版社，2011.

睹的。许多学者❶一致认为，新媒体在促进公众参与公共政治生活的同时，使得民主决策、民主管理、民主监督得到了极大的改善。从孙志刚事件，到三聚氰胺事件，再到各类微博反腐、微博打假事件等，无一不展示出新媒体的参与文化促进了公民参与公共生活的热情，也提供了如同西方学者所言的可以进行观点表达与沟通的公共空间，同时也进一步启发了民众的思想和参与意识。

第四节　新媒体与主流媒体

正如新媒体的定义所折射的，受新媒体的发展和进步影响最大的，毋庸置疑是传统媒体。而上文在谈到新媒体的参与文化和公共生活的关系时，其实也或明或暗地触及了传统媒体受到的冲击。例如，正是因为纸媒、广播和电视在中国政治生活中的不够作为，以网络为核心的新媒体作为"第四媒介"才异军突起，受到追捧。

在媒体融合和参与文化的大时代背景下，西方学者许多集中于传统媒体和新媒体关系的研究为我们提供了有益的参考。Bowman and Willis 在其著作*We Media—— How Audiences Are Shaping the Future of News and Information* 中引入了"自媒体"（We Media）的概念，也被称为"参与式新闻"（participatory journalism）或"公民新闻"（citizen journalism）——指一个公民或一群公民的行为在收集、报道、分析以及传播新闻和信息的过程中发挥了积极的作用。[19]而公民的这种参与是为了提供民主所需要的独立、可

---

❶ 新媒体有效促进公众参与公共政治生活，具体内容参见：魏然. 新媒体推动中国社会转型［EB/OL］.（2010-08-08）［2019-05-30］. http：//www.21ccom.net/articles/zgyj/ggzhc/article_2010080815195.html；冯昌亮. 新媒体时代扩大政治民主的途径［EB/OL］.（2012-06-21）［2019-05-30］. http：//www.21ccom.net/articles/dlpl/szpl/2012/0621/article_62324.html；陈玉霞. 新媒体与中国政治民主［J］. 新闻研究导刊，2012，（2）：56-59；张春贵. 新媒体能否促成中国的"进步运动"［J］. 中共天津市委党校学报，2013（4）：82-87.

信、准确、全面和相关的信息。在此背景下，专业新闻记者和他们的受众间的界限变得模糊，传统时代的受众变成了新媒体时代的传播者甚至公民记者。专业新闻记者的"把关人"角色以及"议程设置"角色都受到了来自新媒体用户或公民新闻记者的挑战，其传统的社会职能——决定什么信息应被社会公众知晓、什么时间和以何种方式让公众知晓，在逐渐被他们以往的"受众"所消解和取代。许多西方学者据此试图证明，现今的受众参与在多大程度上重新定义了新闻文化、新闻价值和新闻实践。David Domingo等人通过对欧洲八个国家和美国的一共十六家网络报纸调查得出结论：核心的新闻文化并未有大的变化，因为大量的新闻专业人士依然承担着"守门人"的角色；新闻业在通过新的可行途径给予公民参与的权力并使公民参与到新闻传播中来，将受众创作的内容发布到他们的网络报纸中就是例证，UGC（User Generated Content）已经成为新媒体时代的重要生产方式。[20]

反观中国，融媒时代和参与文化也在中国的媒体行业引起了大地震。Stephen D. Reese等人认为中国的公民新闻批评传统新闻业，从而引导出在不同层次间的言论表达和更高的言论透明度。[21]而在2011年中国传播学论坛上，复旦大学的童兵教授则认为，"在新媒体迅猛的发展势头下，传统新闻传播业的解构势在必然，中国新闻传播业的重构是不可避免的"[22]。与此观点相类似的，可见中国社会科学院新媒体研究报告——随着信息传播技术的快速发展，以互联网为代表的新兴媒体的广泛应用，正深刻改变着我国传媒业既有的传统格局以及媒体内部的运行结构，而金融危机又大大催化了传媒业调整和改革的步伐，传统报业与新兴媒体的融合已经成为一个加速度发展的现实呈现，而这也更符合国家战略层面的看法和要求。习近平总书记在中央全面深化改革领导小组第四次会议上谈到旧媒体与新媒体融合时就强调，推动传统媒体和新兴媒体融合发展，要遵循新闻传播规律和新兴媒体发展规律，强化互联网思维，坚持传统媒体和新兴媒体优势互补、一体发展，坚持先进技术为支撑、内容建设为根本，推动传统媒体和新兴媒体在内容、渠道、平台、经营、管理等方面的深度融合，着力打造一批形态多样、手段先进、具有竞争力的新型主流媒体，建成几家拥有强大实力和传播力、公信力、影响力的新型媒体集团，形成立体多样、融合发展的现代传播体系。要一手抓融合，一手抓管理，确保融合发展沿着正确方向推进。❶更有甚者，展江教授指出，媒体融合并不存在，而是理应新媒体取代旧媒体，旧媒体退出历史舞台。❷当然，不是所有学者都对新媒体抱有如此友好乐观的态度，也有很多国内学者担心新媒体的种种弊端。比如，有学者从国内"网络水军"的现象出发，提出和传统媒体相比，新媒体在创造和鼓励参与的同时，却因为缺乏种种制约如匿名性、社会普遍认可的价值观、法律要求、商业需要等，不能对其言论负责，不能负责任地搞清事实，不能兼顾正反立场及考虑社会影响。但是总的来说，前进的脚步不可逆转，新媒体的弊端可以依靠国家建立良好的政策支撑和法律体系来解决，它带来的有益之处将对公共生活和媒体业的发展产生向善的、正面的影响。

在新型主流媒体已经上升为国家战略的背景下，很多人关注的重心是媒体融合，而对"新型主流媒体"并无过多在意。其实，在习近平总书记的讲话中，我们更应该看重的是媒体融合的最后目标——"着力打造一批新型主流媒体"。媒体融合只是构建"新型主流媒体"的众多实现方式之一。区域整合、多元产业、发展新媒体等，都是构建"新型主流媒体"的方式，这些方式共同发生作用，共同构成走向"新型主流媒体"的路径。

新型主流媒体的建构现在已经上升到国家层面，这是在当前传统媒体影响力式微，话语权受到新兴媒体巨大冲击的基础上，站在"巩固宣传思想文化阵地、壮大主流思想舆论"的诉求上提出来的。事实上，新型主流媒体可以来自传统媒体阵营，也可以来自新兴媒体阵营，只要是能够正确表达国家话语、体现社会主义核心价值观、人民群众喜闻乐见并具有足够影响力的媒体，都应该属于新型主流媒体的范畴。完善与发展中国特色社会主义制度、推进国家治理体系与治理能力现代化是时代的主题，而传播体系与传播能力现代化则是推进国家治理体系和治理能力现代化的重要途径。从这个角

---

❶ 新华社. 习近平主持召开中央全面深化改革领导小组第四次会议［EB/OL］.（2019-08-16）［2014-08-18］. http://www.gov.cn/xinwen/2014/08/18/content_2736451.html.

❷ 媒介融合争论的根本分歧在于到底是新媒体取代传统媒体，还是新旧媒体协同共进。展江教授的看法很独特，具体参见：展江. 中国媒体的困境和出路［EB/OL］.（2014-10-17）［2019-05-30］. http://www.21ccom.net/articles/zxft/2014/1017/114842.html.

度来看，新型主流媒体是在当前传统媒体生存与发展遭遇困境的背景下形成的，是当前传统媒体转型的最高诉求；也代表着传统媒体在国家治理体系中的角色与国家对于传统媒体发展的指向。新型主流媒体的主要特征是"形态多样"——拥有多种媒介形态。以前的主流媒体都是大众媒体，大部分是综合性的媒体，如党报，电视台、电台，中央新闻门户网站等。新型主流媒体则是形态多样的媒介聚合体。一个传媒集团旗下拥有报纸、网站、手机报、移动客户端、微博、微信、户外大屏等多种媒介终端，传媒集团通过整合旗下所有媒介终端的力量，形成舆论宣传的合力，进行全媒介形态的立体化传播，以此提高在新形势下的传播能力与竞争能力。❶

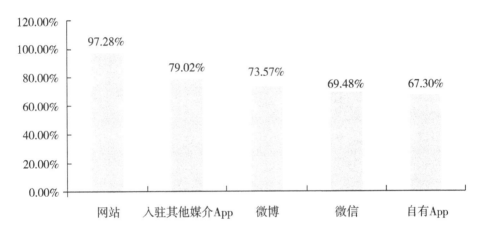

图1-3　367家党报新媒体渠道占有情况（截至2015年5月）

第五节　新媒体的学术方向

　　以上，通过梳理和讨论媒介融合和参与文化下的新媒体，一方面展示了在媒介层面，新媒体时代是如何从以往单纯的技术和产业的融合向更高层次的文化融合的转变的，即"从媒介生产到消费者、用户的自由转移等方面的会合与

---

❶ 参见：陈国权. 什么是新型主流媒体［J］. 中国传媒科技，2014（17）：17.

交融"[23]。另一方面在社会和技术层面，新媒体技术毫无疑问成了参与文化勃兴的助推器，这也完全符合麦克卢汉"媒介是传播技术的产物"的断言；同时，新媒体时代下的参与文化也深受文化和社会的影响，比如人人拥有的自媒体的出现。而无论是对公共生活，还是对传统媒体业，新媒体都展现了势不可挡的威力，这可以看作是新媒体在实践层面对社会进行的塑造。

应当强调的是，新媒体的影响范围远不止公共生活和媒介结构，而是几乎涵盖了当今社会从微观到宏观的方方面面，因而由此出发的多维度研究是非常有必要的。蔡骐等对新媒体的参与文化与公民的媒介素养之间的联系做过深入的探讨[22]，尤其是其认为那些视新媒体为洪水猛兽或精神鸦片的家长和老师要充分认识到利用新媒体是现代人生存和发展的必由之路，这样的论述非常有时代感和实践意义。岳改玲则在其博士论文中对参与文化进行了更为系统和详尽的阐述与议论，其中，她谈到了技术、国家、商业和精英的力量都在新媒体环境下的参与文化中交织和博弈。[24]而更应当正视的是，新媒体的发展和变化极为剧烈和迅猛，对新媒体持续的研究是非常必要的。陈昌凤等深入研究了媒介融合的本质，他们认为媒介融合首先是政策的融合，然后才带来了生产与消费的融合。[25]陈浩文则更为详细地总结了媒介融合的含义，并指出"将不同的媒介功能和传播手段'融化'为一种，才是媒介

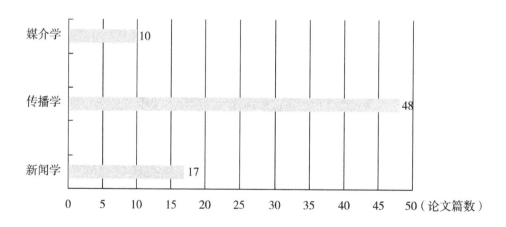

图1-4　新媒体研究的学科分布（截至2015年5月1日）

融合的核心部分和发展趋势"❶。

那么，未来的研究空间还可以继续延伸，比如更加具体地探讨在新媒体参与的不同阶段，那些阻碍或引导更好、更开放、更深入的公共生活参与的方式，比如受众生产什么样的内容才能更好地建构参与文化等，以及商业策略如何应对媒介融合和满足公民参与等，都将成为新媒体研究需要关注的热点和突破性议题。然而，这些基于实践或应用层面的研究如何纳入学科发展的视野，这是未来很长时期的另一个更为重要的研究目标。

就学科发展而论，截至2015年5月在国内出版的新闻学教材和传播学教材中，即使在最新的修订版本中，也只是把新媒体研究的理论插入原有的章节一笔带过，没有一本教材单列章节讲授新媒体理论。其中，新闻学教材往往把新媒体理论插入"新闻事业"一章，常常与网络媒体放在一起简要论述；而传播教材往往将其插入"传播"一章，常常与技术革命混在一起略略带过。因此，新闻学与传播学对新媒体理论的忽略，恰恰导致了媒介学的生长空间。在中国知网期刊网以"标题"搜索"新媒体"，结果显示：论文总数13 621篇，涉及新闻学研究的有17篇、媒介学研究的有10篇、传播学研究的有48篇，涉及学科研究的占比只有0.55%。

因此，目前的新媒体研究多在实践或应用层面展开，理论研究则远远滞后，新闻传播学科的发展显得滞后而没有张力。于是，媒介学研究逐步兴起并进入学科视野，开始撼动与消解新闻传播学的地位。可以预期，未来一段时期的媒介学研究将呈现繁荣景象，新媒体研究将为学科发展注入强劲的动力，新媒体舆论研究必将成为学术研究持久的热点。

---

❶ 从不同层面分析媒介融合，得出的结论也会存在差异。至少，技术融合、经济融合、社会或组织融合、文化融合及全球融合等都是基于不同的思考角度。陈浩文的《再论媒介融合》认为将不同的媒介功能和传播手段"融化"为一种，才是媒介融合的核心部分和发展趋势，具体见紫金学术网。

参考文献：

[1] LIEVROUW L A, LIVINGSTONE S. Handbook of new media: social shaping and consequences of ICTs [M]. CA: Sage Publications，2002.

[2] 毕晓梅. 国外新媒体研究溯源[J].国外社会科学，2011（3）：114-118.

[3] LISTER M, DOVEY J, GIDDINGS S, et al. New media: a critical introduction [M]. London：Routledge, 2009: 25-28.

[4] COLON A. The multimedia newsroom[J]. Columbia Journalism Review, 2000, 39: 24-27.

[5] JENKINS H. Convergence? I diverge[J]. Technology Review, 2001, 104（5）：93.

[6] JENKINS H. Quentin tarantino's star wars? Digital cinema, media convergence, and participatory culture[C]. //THORBUM D, JENKINS H. Rethinking media change: the aesthetics of transition. Cambridge, MA: MIT Press, 2003: 552.

[7] JENKINS H. Convergence culture: where old and new media collide[M]. New York：New York University press，2006: 15.

[8] LISTER M, DOVEY J, GIDDINGS S, et al. New media: a critical introduction [M]. London: Routledge, 2009: 219.

[9] JENKINS H. Quentin tarantino's star wars? Digital cinema, media convergence, and participatory culture[C]. //THORBUM D, JENKINS H. Rethinking media change: the aesthetics of transition. Cambridge, MA: MIT Press, 2003: 554.

[10] JENKINS H. Quentin tarantino's star wars? Digital cinema, media convergence, and participatory culture[C]. //THORBUM D, JENKINS H. Rethinking media change: the aesthetics of transition. Cambridge. MA: MIT Press, 2003: 555.

[11] FLEW T. Democracy, participation and convergent media: case studies in contemporary[J]. Communication Politics and Culture, 2009, 42（2）.

[12] CHAU C. YouTube as a participatory culture[J]. New Directions for Youth Development, 2010,（128）：67-72.

[13] BURGESS J E, FOTH M, KLAEBE H G. Everyday creativity as civic engagement: a cultural citizenship view of new media[J]. Open Journal of Social Science,

2006, 5（12）.

[14] 陈玉霞. 新媒体与中国政治民主[J]. 新闻研究导刊，2012（2）：56-59.

[15] GUREVITCH M, COLEMAN S, BLUMLER J G. Political communication——old and new media relationships[J]. The ANNALS of the American Academy of Political and Social Science, 2009, 625（1）：164-181.

[16] 潘祥辉. 新媒体的商业属性及其政治效应[J]. 文化纵横，2014（3）：100-106.

[17] 孙健. 新媒体影响当代中国社会发展——2011年中国传播学论坛会议综述[J]. 新闻记者，2012（3）：84-88.

[18] 张春贵. 新媒体能否促成中国的"进步运动"[J]. 中共天津市委党校学报，2013（4）：82-87.

[19] BOWMAN S, WILLIS C. We media——how audiences are shaping the future of news and information[M]. New York: The Media Center, 2003: 11-17.

[20] DOMINGO D, QUANDT T, HEINONEN A, et al. Participatory journalism practices in the media and beyond: an international comparative study of initiatives in online newspapers[J]. Journalism Practice, 2008, 2（3）：339-340.

[21] REESE S D, DAI J. Citizen journalism in the global news arena: China's new media critics[C]. Stuart Allan, Einar Thorsen. Citizen Journalism: Global Perspectives. New York: Peter Lang, 2009: 225.

[22] 蔡骐，黄瑶瑛. 新媒体传播与受众参与式文化的发展[J]. 新闻记者，2011（8）：28-33.

[23] 陈昌凤，李宏刚. 媒介融合：从政策到生产与消费的关系转型[J]. 新闻爱好者，2014（10）.

[24] 岳改玲. 新媒体时代的参与式文化研究[D]. 武汉：武汉大学，2010.

[25] 陈昌凤，李宏刚. 媒介融合：从政策到生产与消费的关系转型[J]. 新闻爱好者，2014（10）.

第二章　新媒体时代的全媒体

"全媒体"（Omnimedia）是由omni（全）这个前缀和media（媒体）这个核心概念构成的新词，这一新词与概念最早出现在美国，它最初的应用并不是字面上的大众传播领域，而是生活服务领域。1999年10月19日，一家名为Martha Stewart Living Omnimedia（玛莎–斯图尔特生活全媒体）的家政公司成立，其主要服务对象锁定家庭主妇和有关消费者，公司的主导理念是为提高她们的生活品质而提供独特的观念、资讯和相关产品（ideas，information and related products）。

2008年，"全媒体"开始在新闻传播领域崭露头角。许多媒体从业者纷纷提出"全媒体战略"或"全媒体定位"。报纸、电视、广播、出版、广告等行业的"全媒体"发展呈现出两种方式：一是"扩张式"的全媒体，即注重手段的丰富和扩展，如新兴的"全媒体出版""全媒体广告"；二是"融合式"的全媒体，即在拓展新媒体手段的同时，注重多种媒体手段的有机结合，如"全媒体新闻中心""全媒体电视""全媒体广播"。2008年3月，烟台日报传媒集团在全国首开先河，整合集团所有的媒体记者，组建了"全媒体新闻中心"，开始了从传统报业到"全媒体"的运作方式、生产流程以及各种运营平台的探索。一方面单一的印刷报纸分化成多种产品形态，如手机报纸、数字报纸等；另一方面媒介生产流程进一步细分、专业化。

第一节　源于生活领域的概念

　　媒体产生于人类生存与发展的需要，服务于人类生活与福祉是其基本职能。媒体报道要贴近生活，首先就要媒体贴近生活、贴近大众的日常生活。斯图尔特生活全媒体家政公司网站的首页显示，其主要服务领域包括饮食、娱乐、度假、婚庆、手工、家园、宠物、起居、电视、电台、博客、社区和商店等，为了推销自己的家政服务与产品，斯图尔特生活全媒体竭尽所能，拥有、管理与合作的媒体非常广泛，包括主办4份核心杂志、艾美奖（Emmy Awards）年度电视直播冠名、每周一期的CBS《早间新闻》（*This Morning*）、34种图书赞助署名。此外，还在230种报纸上开设周专栏《问玛莎》（*Ask Martha*），在330家电台开设广播节目，建立了自己的网站marthastewart.com。显然，斯图尔特的传播策略就是追求媒体的应有尽有。但是，限于当时的科技水准，斯图尔特生活全媒体公司的"全媒体"显然并不全。然而，这个具有超前意识的Omnimedia在无意中道破了世界传媒业发展的玄机。

　　"全媒体"概念出现以来，随着科技发展的日新月异，传播手段层出不穷，传统媒体与新媒体之间日益融合互通，全媒体尽管没有获得学术界的共识，却在传播领域的实践中日复一日地丰富发展着它的内涵。全媒体的"全"不仅包括报纸、杂志、广播、电视、音像、电影、出版、网路、电信、卫星通信在内的各类传播工具，涵盖视、听、形象、触觉等人们接受资讯的全部感官，而且针对受众的不同需求，选择最适合的媒体形式和渠道，深度融合，提供超细分的服务，实现对受众的全面覆盖及最佳传播效果。

　　全媒体的概念经历了从多媒体、跨媒体到融合媒体的演化与更新过程，是对全媒体语境下媒体概念的一种全相位认识与重新定义。在概念的内涵上，全媒体和多媒体是有本质区别的，多媒体是多种文件格式的复合，全媒体是多种媒体形态的一种复合，这二者本质上是不一样的。2001年，我国第一家全媒体报业从《沈阳日报》开始尝试，自传媒业界正式提出全媒体概念以后，理论界在追随火热实践的基础上推出了丰硕成果。具体而言，媒体形式的不断出现和变化，媒体内容、渠道、功能层面的融合，使得人们在使用媒体的概念时需要意义涵盖更广阔的词语，至此，全媒体的概念开始广泛适用。

根据"全"的两个含义，全媒体有以下的两种理解：一是完备、全面，指所有单一形式媒介载体的总和，是包括众多媒体形式的"个体"概念；二是整个，是一个集体概念，是随着信息技术和通信技术的发展、应用和普及从以前的"跨媒体"逐步衍生而成的，体现了不同形式和功能的媒体互相融合、互动的趋势。从形式来看，全媒体不是指媒体类型的应有尽有，而是指不同媒介类型之间的嫁接、转化和融合。从内容来看，其基本内涵主要体现在四个方面：一是信息资源的多渠道采集，二是统一的专业资源加工，三是全方位的业务系统支持，四是多渠道资源的增值应用。从结果来看，主要表现为内容生产的多形态、产品发布的多渠道和传播介质的多终端。

第二节 传媒研究的热点议题

国内最早以"全媒体"为题名关键词的文章出现于2000年，首见于学术期刊的是一篇载于《浙江广播电视高等专科学校学报》（现已更名为《浙江传媒学院学报》）2000年第3期第40页、标题为《横空出世的"全媒体"》的文章，但其不是一篇学术研究论文，而是一篇科技消息报道。更为全面的消息载于当年的《中国经济快讯》，全文标题是《全媒体"巨无霸"横空出世——对美国在线收购时代华纳的分析》。最早的学术论文出现在2001年，是浙江大学毛顿等人撰写的《呼叫中心全媒体化的技术融合》，发表于《计算机时代》2001年第2期。从CNKI"中国学术期刊网络出版总库"键入标题关键词"全媒体"，得到2000—2019年的论文总数为8 657篇。其中，2007年以前仅有近10篇，但从2010年起该数字呈爆炸式增长，达到214篇，随后几乎每年以倍数增长，2014年超过1 000篇。截至目前，总数超过8 000篇。

科技的进步使媒介融合加速进行并不断深化，使媒介融合成为继信息社会、第三次浪潮、后工业社会之后传播研究的又一热点。数字技术的广泛运用、以网络为代表的新媒体传播的应用和媒介融合（Media Convergence）的不断推进必然导致新的融合媒介的产生和普及。全媒体正是媒介融合的必然结果，是一种崭新的融合性媒介。媒介融合必然催生出新型的融合性媒介（Convergent Media），基于融合媒介的全媒体生产与信息发布平台，在传媒业界正引起一场重大的变革，具体表现为三个方面：一是从全媒体内容产品生产的角度看，融合媒介能够实现内容决定形式的优化传播，提高传播的整体效果和市场价值的增值；二是从媒体运营的角度看，融合媒介有利于传媒企业的集约化经营，降低内容成品的生产成本，提高经济效益，形成媒体的核心竞争力；三是从媒介生态学角度看，融合媒介促进传媒产业的更新换代和全面升级，体现了媒介发展的必然趋势。

由此，不同学者对"全媒体"的理解也有不同。学者彭兰没有使用全媒体的概念，而是采用全媒体化来加以解释，她认为："全媒体化的含义，应该体现在四个方面：第一，在一个全媒体的市场格局中寻找自身新的定位，构建自己的产品体系；第二，在全媒体的思维下，去重新思考媒体的业务模式；第三，全媒体化不仅要为媒体自身的产品提供传播途径，也要为受众的参与提供空间；第四，全媒体化不仅是传媒机构内部的流程再造，也是一个重新定义自己在产业链中的位置、寻找合适的外部合作伙伴的过程。"[1]学者石长顺等把全媒体分为狭义和广义的理解，指出："这一概念是随着信息技术和通信技术的发展应用而催生的'跨媒体'逐步衍生而成的。从狭义上理解，是指所有媒介载体形式的总和。而更为广泛的认识是，随着时代的发展，越来越多的信息传播手段带来了我们获取新闻、资讯的新体验，这类新体验都可以纳入全媒体的范畴中去。"[2]学者赵允芳从比较的角度认为："所谓全媒体并非多媒体，对于全媒体更为精准的理解，应该是在新技术背景下对于各种媒体技术的积极交融，是对各种媒体渠道的相互兼有，对于各种终端的兼容，以及对于各种媒体介质的有机组合。"[3]

第三节　从概念诠释到价值论证

　　超越概念诠释，实践与理论价值受到深入关注。全媒体的价值主要体现在四个方面。其一，全媒体是载体形式、内容形式以及技术平台的集大成者。从传播载体工具来看，其可分为报纸、杂志、广播、电视、音像、电影、出版、网络、电信、卫星通信等；从传播内容形式来看，其涵盖了视、听、形象、触觉等人们接受信息的全部感官；从所倚重的各类技术支持平台来看，除传统的纸质、声像外，其还包括基于互联网络和电信的WAP、GSM、CDMA、GPRS、3G、4G及流媒体技术等。其二，全媒体包容个体的特性。它并不排斥任何一种单一表现形式的媒体，它视单一形式的媒体为全媒体中"全"的重要组成部分，并在整合运用全媒体的同时仍然很看重各种单一媒体的核心价值特性和优势。其三，全媒体的"全"体现在对受众的全面覆盖，它的传播面广泛，互相整合填充人们行为的各个注意力空间。其四，全媒体的大而全，在以受众需求导向下表现为超细分服务，提高信息资源的生产效率和利用率；还可以实现传统媒体与新媒体的组合营销，扩大市场的有效覆盖，为市场提供灵活的产品组合。

　　与内地研究相呼应，中国香港凤凰卫视董事局主席兼行政总裁刘长乐2010年7月28日在"香港高峰论坛"发表题为《做媒体时代的弄潮儿》的演讲。他认为传媒业的全媒体化发展趋势有以下几个特点：媒体活动网络化与数字化；传播主体多元化与融合化；传播管道延伸化与符合化；媒体受众碎片化与分众化；媒体形态两极化；产品多媒体化；媒体终端移动化以及媒体职能社会化。他在演讲中以《纽约时报》和"凤凰网"为例，认为它们是一种浓缩了的全媒体形态。当然，全媒体不仅是指像互联网这一个单一的产品，全媒体还包括了机构。在全媒体的运营中，不仅应在产品和出口上解决全媒体的问题，同时还要在我们的经营思路、运作方法等方面都向全媒体转化。他认为，在这样一个全球化的全媒体时代，作为亚洲资讯传媒中心的中国香港当然无法置身事外。中国香港是资讯中心，新闻环境自由，在这里办媒体有着得天独厚的优势和条件。根据2009年的统计数据，面积为1 092平方千米、人口为700万的中国香港拥有45份报纸、699份期刊、2家本地免费电视机构、4家本地收费电视机构、17家非本地电视机构、1家公营广播机构以及2家商业电台机构。另外，约90家国际传媒机构在中国香港设有办事处。弹丸之地的中国香港，人口高度集中，资讯高度发达，其传媒完全有条件居于领先地位，成为全媒体时代的弄潮儿。今时今日，我们或许还无法看清全媒体的庐山真面目，但它肯定是我们应该努力和思考的方向。

研究者田勇指出："全媒体运营，有着深刻的历史背景。在网络信息传播应用技术与移动信息传播、多媒体信息传播融合交汇的大趋势下，新闻传播正在或将出现重大的变革。媒体的数字化生存模式日益成为报业热切探索的内容，传统媒体报道的多媒体化受到越来越多的关注。'新媒体''自媒体''报网互动''报网融合'等新概念、新理念影响着报业的内容生产和运营策略。通过流程再造以促进媒体融合的全媒体实践，是不少传统媒体为了适应变化而推出的重要应对举措，也是一场与新媒体争夺'蛋糕'的比赛。在不久的将来，全媒体内容生产和运营或将成为数字化时代报业的重要选择。"[4]显然，全媒体将成为所有传统媒体数字化转型的根本目标与必然选择。

第四节　理论影响与发展方向

首先，传统传媒经济学理论正在经历解构与重构的过程。

一是传媒生产成本不断降低，报业的"零成本"不再是梦。在传统报业生产中，报业机构一方面要把报纸准时投送到千家万户，另一方面还要为报纸零售代理商支付高昂费用。因而，报纸的发行成本往往高于报纸价格。而网络数字报纸的发行成本几乎为零，是报业降低发行成本的最佳渠道。从技术层面的融合来看，互联网技术除了必要的宽带成本以外，其他方面的成本投入几乎为零。对报业来说，广告价值与发行量成正比，发行量越大的报纸，其广告价值就越高。这就为全媒体降低成本、增加盈利提供了可能。

二是专业新闻生产机构有传统的新闻传播管理转向"知识管理"。学者蔡雯认为，随着新闻来源与信息渠道的剧增，在多种媒体融合的全媒体新闻机构中，记者与编辑的主要职能已经不是采编新闻，而是对新闻和信息资源进行筛选和聚合，使这些杂乱的信息呈现出相互联系和深刻意义，并使其转化为知识。[5]因此，新闻生产的管理被简化为对"知识"的管理。但管理的简化不是简单化，一旦某一环节出现问题，就意味着管理更加复杂和困难。

三是规模效应弱化，范围经济取而代之。从传媒经济学视角来看，传统媒介经济是一种规模经济，而新媒体经济则是一种范围经济，甚至还出现了"规模不经济"的说法。也就是说，新媒体建设不需要庞大的规模，甚至是规模越大越不经济。只有在新媒体环境下，减少规模化媒体维护成本才成为可能。因此，媒体转型的根本目标，必然是传统新闻产品的压缩和数字产品的扩张。

其次，传统的传受关系正在向互动与体验的方向深入演进。

一是传受界面智能化。全媒体集群中数字媒介的应用，使界面传播成为新的传播形态。有学者指出："互动界面这一技术上的变革，为信息的传播者和接收者之间建立新型的传受关系提供了保证。它带来的绝不仅仅是技术手段的进步，同时带来的是信息传播领域最为关注的传受关系的改善。根据媒介发展规律，传统媒体为适应用户需求和数字化发展趋势，已经逐渐踏上了'数字化迁移'之路，比如模拟电视向数字电视的转换、传统报纸向数字报纸的平移等，随着媒介形式的变化，用户界面也必然会出现新的变化，而互动功能的增强是这一媒介进化过程中最为重要的表征。"[6]

二是传播时效极致化。新媒介的传播模式已经颠覆了传统新闻传播业的基本规则，新闻的更新速度几乎可以突破时空限制，实现新闻的即时、同步传播。通过搜索引擎，受众不再翻阅厚厚的版面获取新闻；网络博客打破了媒介的身份界限；新闻报道也不再像传统媒体那样循规蹈矩，甚至只有标题与新闻链接；用户可以自由跟帖与评论，由受者变身为传者。总之，全媒体改变了传统新闻业的基本要素，实现了新闻的全时空传播。

三是媒介服务个性化。以报业为例，新闻传播趋向本地化，全国性报纸将难以为继，地方报纸和社区报将成主流，为特定人群和特定话题量身打造的"微型报纸"将粉墨登场，"我的报纸"将为特定读者提供个性化服务。从理论上说，因为硬件投入和维护成本的减少，新闻品质与服务质量必然得以提升。同时，网络互动服务与电子商务等方面的个性服务将衍生出新的产业方向，为传媒产业的转型升级创造必要的物质基础。

第五节　报业实践的全新策略

自2001年进入全媒体时代以来，国内多家报业启动"全媒体"报道阵容，充分融合各种报道形式和传播介质，以文字、图片、视频、音频等多种报道形式，通过报纸、网络、手机、微博等各种传播载体，全方位传递两会声音、解读两会精神、反馈民情民意，取得了良好的传播效果。以人民网全媒体报道为例，主要形式包括数字两会、视频播报、两会访谈、图说两会、"博"在两会、"G族"看两会等。

无论在国外还是国内，融合媒介已成为传媒业发展的现实。随着媒介融合的不断加深，新一代的融合媒介应运而生，而这些新媒介同时参与传播，就是本书提出的全媒体时代，即报业发展面临的新语境。全媒体引发了传媒界的重大变革，具体表现在三个方面：一是从内容生产的角度看，能够实现内容决定形式的优化传播，提高传播的整体效果和市场价值的增值；二是从媒体运营的角度看，有利于传媒企业的集约化经营，降低内容成品的生产成本，提高经济效益，形成媒体的核心竞争力；三是从媒介生态角度看，必然促进传媒产业的更新换代和全面升级，体现了媒介发展的必然趋势。

一、报业面临的新语境

1. 全媒体的基本内涵。全媒体的概念经历了从多媒体、跨媒体到融合媒体的演化过程，是对全媒体语境下媒体概念的一种全相位认识与重新定义。在概念的内涵上，全媒体和多媒体是有本质区别的，多媒体是多种文件格式的复合，全媒体是多种媒体形态的一种复合。随着媒体形式的不断演化，媒体内容、渠道、功能层面的融合，使得人们在使用媒体概念时需要意义涵盖更广阔的词语，至此，全媒体概念开始广泛使用。从形式来看，全媒体不是指媒体类型的应有尽有，而是指不同媒介类型之间的嫁接、转化、融合。从内容来看，其基本内涵主要体现在四个方面：一是信息资源的多渠道采集，二是统一的专业资源加工，三是全方位业务系统支持，四是多渠道资源增值应用。从结果来看，主要表现为内容生产的多形态、产品发布的多渠道和传播介质的多终端。

2. 全媒体的价值特点。全媒体的价值特点主要体现在四个方面。一是全媒体是载体形式、内容形式以及技术平台的集大成者。从传播载体工具上可分为报纸、杂志、广播、电视、音像、电影、出版、网络、电信、卫星通信等；从传播内容形式上涵盖了视、听、形象、触觉等人们接受信息的全部感官；从所倚重的各类技术支持平台来看，除了传统的纸质、声像外，还包括基于互联网络和电信的WAP、GSM、CDMA、GPRS、3G、4G及流媒体等。二是全媒体包容个体的特性。它并不排斥任何一种单一表现形式的媒体，它视单一形式的媒体为全媒体中"全"的重要组成部分，并在整合运用全媒体的同时仍然很看重各种单一媒体的核心价值特性和优势。三是全媒体的"全"体现在对受众的全面覆盖，它的传播面广泛，互相整合填充人们行为的各个注意力空间。四是全媒体的大而全，在受众需求导向下表现为超细分服务。针对受众的不同需求类型，选择最适合的媒体形式和渠道，实现最佳效果。基于此，全媒体的应用既可以实现"一次生产、多渠道发布"的理想，提高信息资源的生产效率和利用率；还可以实现传统媒体与新媒体的组合营销，扩大市场的有效覆盖，为市场提供灵活的产品组合。

二、报业竞争的新策略

1. 媒介进步的技术逻辑。著名未来学家尼葛洛庞帝认为，数字化时代无法拒绝，其演进势不可挡。❶它在本质上几乎是遗传性的，因为每一代人比上一代人都变得更为数字化。而西方电子出版预言家菲德勒认为，我们正处在人类历史上最伟大的一场革命之中，这是一场全球规模的革命，而且它正在以史无前例的速度扩展。这场革命就是数字式革命。它超过了人类的一切语言，它有力量变革现存一切形式的传播媒介并且创造出崭新的形式。另一位传播学家文森特·莫斯可认为，（数字革命）是一场巨大的革命，也许是一场里氏10.5级大地震那样社会规模的变迁。随着电脑运用在生活中的日益普及，它自然演变为共享生活的一种环境，并可能通过电脑传播的信息引导现实生活中的人际传播行为。在这种背景下，电脑传播是在真实生活中活动并有可能开辟人类主体的活动领域。正是在这种意义上，数字传播把社会生活和社会历史予以"自然化"的过程蕴藏着社会创新发展的机遇与可能。莫斯可认为，数字化是指把文字、图像、动画以及声音的传播转变为一种共同的语言。这种语言对赛博空间大有裨益，与总体上以模拟技术为基础的更早的电子传播形式相比，它大大提升了传播的速度和灵活性。❷

2. 数字报业的竞争策略。数字化是报业向全媒体转型的基础，跨媒体是实现这一转型的关键。报业为顺利实现更深层次的媒介融合，从而为继续实现报业的品牌融合、文化融合、管理融合、技术融合、组织融合、内容融合和营销融合奠定基础，我国报业探索和开发内容资源增值的全媒体资源库解决方案，为报业业务的创新、数字内容的管理、资源的立体开发和增值业务的拓展等提供了技术支持。彭兰教授将上文提及的这一过程解释为"全媒体化"，指出中国传媒业更多地是使用"全媒体化"而不是"媒介融合"这

---

❶ 尼古拉·尼葛洛庞帝.数字化生存［M］.胡泳，范海燕，译.海口：海南出版社，1997.

❷ 文森特·莫斯可.数字化崇拜：迷思、权力与赛博空间［M］.黄典林，译.北京：北京大学出版社，2010.

样的一些词来描述它们正在进行的变革。[1] 但全媒体化只是通往媒介融合未来的一个途径，是一种阶段性的战略。其实，彭兰教授只说出了全媒体化的一个方面，即媒介融合作用于全媒体这一方面；而另一个方面则是全媒体对媒介融合的积极回应，必将在媒介融合过程中催生出新一代的融合媒介。全媒体的应用促使和深化报业发生转型，主要原因可以从两个方面进行分析。一是传统报业在发展新媒体业务中遇到了问题，因为每一种新媒体的开发都需要一个独立的业务系统，以生成符合这一载体格式的文件内容，但由于缺乏统一的数据库格式标准，新老业务难以实现数据对接，无法满足新媒体产品的开发和增值需要，全媒体数据平台解决了报业发展的瓶颈，为面临危难的报业提供了发展新机遇，重新构建了数字时代报业传播的新模式。二是传统传播方式无法满足大众参与社会的需要，传统报纸由于缺乏互动的渠道，使新闻生产者更强调新闻与宣传意识的关系，全媒体的互动性促使这一关系转移到受众与新闻的关系上来，新闻生产中各种权力关系因此发生改变。用微观权力观来解释，就是权力不应被看作是一种所有权，而应成为一种策略；它的支配效应不应被归因于"占有"，而应被归因于调度、计谋、策略、技术、动作。换句话说，就是新闻文本与宣传意识的弱化，导致文本与大众关系的强化，是社会民主程度提高的标志，这也是报业发挥社会效益的具体体现。

3. 全媒体的报业运用。全媒体使报业实现了资源的立体布局，传统报业的内容生产得以重构，使报业具有原创力的内容多次发布和服务增殖。举例来说，对同一条信息，通过"全媒体"平台可以有各种纷繁的表现形式，但同时也根据不同个体受众的个性化需求以及信息表现的侧重点来对采用的媒体形式进行取舍和调整。如报纸在对某一楼盘信息展示时，用图文来展示户型图和楼书中描述性的客观信息；利用音频和视频来展示更为直观的动态信息；同时，对于使用宽带网络或5G或4G手机的受众则可用在线观看样板间的三维展示及参与互动性的在线虚拟装修小游戏等。对于报业来说，由于不具备电视和网络媒体所具有的声画等传播特性，因此对开发全媒体的愿望也最为迫切。我国报业集团在全媒体技术平台的支持下，开始建立自己的全媒体新闻部门和发布平台，正在从单一结构的报业传播模式向多媒体立体传播模式转变,一种新型的报业结构优化运动在我国报业领域风起云涌。烟台日报传媒集团社长郑强指出,以全媒体的视角重新审视传统报业,新闻纸、报社、报业等都会有新的内涵。第一,新闻纸不是纯粹意义上的"纸",而是一种显示终端和存储介质,就像电脑、显示器、手机、手持阅读器等一样。第二,报社不是"报纸社",而是"报道社",其核心业务不应该是报纸而是报道,是内容。第三,报业不是报纸产业而是内容产业,内容依然重要,内容依然为王。"报道"的呈现方式不单单是新闻纸一种,还有其他表现形态、传输渠道和显示终端,相应地,也就会产生不同的产业运营模式和赢利模式。第四,在我国现行管理体制下,新闻采访和新闻发布是政策准入,而采用什么渠道发布、什么终端阅读则是市场准入。可以预见,未来很长一段时间内,新闻采写和发布权仍将控制在传统媒体手中,不可能随便一个什么人就可以采访市长、省长或者国家领导人,这将是传统报业最重要的优势之一。在这样的大前提下,传统报业如果能迅速向全媒体方向融通,则必将拓展出一片新的价值蓝海。

三、报业发展的新机遇

1. 危机之后的生机。报业正在经历的重大转型,也许是自报纸产生以来最重要的转型。互联网应用和数字化技术为这一转型提供了必要的技术条件,报业开始在网络上获得新的生命,一边是"纸"的式微,一边是"报"的新生。报业网站重塑新闻业的主要出路,是加强报纸与网站建设,把开发多媒体传播结构作为突破点。西方传媒业界普遍认为,自20世纪90年代以来,报业正在遭受各种危机带来的冲击。特别是2008年开始的全球性金融危机,更是让新闻业遭受毁灭性冲击。此次金融危机爆发于世界金融中心的美国,西方国家占据全球95%的传媒产业市场,以美国为首的西方报业自然首当其冲受到影响。从目前情况看,报业所遭受的影响还是危险与机遇并存。外部经济冲击只是传媒危机的诱因,根本的原因还是在于传媒自身的盈利模式已经无法适应数字时代的需要。因此,西方的报业危机虽然因金融危机而引人关注,但这一危机的到来似乎也是早已注定,报业的转型在全球传媒市场加速推进。全媒体数字平台的出现与使用,旋即把这一转型推向更高的阶段。目前，我国报业普遍采用的方正全媒体资源库解决方案，汇聚了多渠道全媒体资源采集、统一的专业化资源加工、全方位业务系统支撑、多渠道资源增值服务和统一的资源管理，实现了文字、图片、音频、视频、文档等流程化采集、存储和应用。西方报业正在把培养全媒体记者作为全媒体战略的重要内容，通过多种方式把他们培养成报业发展的新一代记者，即具有文字、摄影、摄像技术的全能记者。蔡雯教授研究指出，他们可以采访新闻，可以做各种新闻业务，能够同时承担文字、图片、音频、视频等报道任务，为多种不同媒体提供新闻作品。未来的报纸会成为一个立体的多媒体，即记者采访的新闻文字、图片、录像等在第一时间到达受众，随后在报业网站上发布事件的实时进展情况，然后是报纸上的全面报道，最后是新闻事件的图文视频深度报道和分析。

2. 西方报业的阵痛。美国学者研究认为，目前的美国报业正处于转型的中期阶段，报业的阵痛必将经历一个较长的历史时期。受众和广告商向网络的迁移，必将促使报业结构转型的深入持续。可以看到，虽然网络用户数量在不断攀升，但网络收益并非水涨船高。周期性金融危机和债务压力，迫使美国报业纷纷裁员、申请保护或破产倒闭，新闻报道的数量与质量出现下滑，网络新闻表面繁荣的背后，掩盖不了经营危机带来的窘境，数字化转型带来的阵痛并非暂时性的，报业结构调整还将经历一个漫长的时期。在新的媒体生态中，报纸的生存空间受到严重挤压，传统的强势地位被从根本上动摇，市场蛋糕会越来越小。未来两三年，网络媒体还将呈现爆炸式发展势头。媒体环境和格局将因之发生更大的变化。报业的竞争将更加激烈，整合和转型也势在必行。有学者分析了英国报业转型，认为英国报业当前面临的最大挑战，是在从传统的印刷出版到数字化新闻转型过程中，在新的商业模式形成之前，如何找到新的收入来源维持新闻的采集和制作，这是报业发展面临的最大障碍。英国人过去喜欢读报，现在喜欢上网看报。旧的盈利模式已经无力回天，新的商业模式还不明朗，报业面临发展历史上的生死考验。

3. 国内报业的春天。在我国，全媒体报业是从《沈阳日报》开始的，由此业界正式提出全媒体这一概念。但把全媒体作为战略运营的尝试是从烟台日报传媒集团开始的。2008年7月，国内首家全媒体采编系统正式运营，这就意味着报社将逐步从"报纸社"转型为"报道社"，这一转型意味着记者的转型已成必然，传统的报纸记者也因而有了一个新的称呼。研究者指出，烟台日报传媒集团各媒体发稿取消了"日报记者""晚报记者"等称谓，一律称为YMG（YMG为烟台日报传媒集团的英文缩写）记者。他们不再局限于向哪家媒体供稿，而是由集团统一调配稿件向多个全媒体终端发布——纸质报、手机报、多媒体报、电子移动报、户外视屏等。然而，全媒体报道也需要一批像传统报社的文字记者和摄影记者一样具备专业素质的记者，如果没有独立的全媒体记者报道新闻，尤其是报道适合移动传输的视频新闻，全媒体的内容生产必然无法实现专业化目标。于是，国内多家报业集团开始拓展这一领域，打造属于自己的专业化全媒体记者队伍。2009年年初，宁波日报报业集团全媒体新闻部正式成立，这是全国首支视频全媒体记者队伍。他们以全媒体数字技术平台为依托，以视频多媒体为主要报道方式，标志着国内数字报业发展迈入新的历史阶段，全媒体战略在我国报业得到广泛应用。解放日报报业集团发起"4i"新媒体战略，与报纸媒体合作共赢，重新打造产业链。这一战略作为传统报纸数字化转型的新的支撑平台，使集团得以对传统报业内容资源进行多次开发，并面向不同的受众和广告商实现多次销售，使任何一种媒介产品实现以无线、宽带、户外、新介质为主要平台，达到多渠道、立体化、全媒体传播的目的，把新闻的文化服务价值和商业价值发挥到最大化。2009年年底，《南方都市报》提出全媒体集群的发展战略，实现传播的全方位覆盖。总编曹轲为报社描绘了灿烂图景：南都全媒体运营机制建立，南都传播研究院成立，南方民间智库建成，南都文化列车启动，南都电子商务项目开张，南都视点开播，南都第一块巨幅LED屏亮灯，鲜橙网、番茄网上线，入主凯迪社区网，牵手阿里巴巴、与淘宝天下在广东独家合作，800名记者配备iPhone手机，南都阅读器进入苹果商店，南方微博开通，电视频道整体合作已有意向，南方网络电视台加紧筹建，命名南都号的飞机即将飞上蓝天……一个立体的"南都全媒体集群"呼之欲出。

第六节　报业发展的结构转型

　　"全媒体"的"全"不仅包括报纸、杂志、广播、电视、音像、电影、出版、网路、电信、卫星通信在内的各类传播工具，涵盖视、听、形象、触觉等人们接受资讯的全部感官，而且针对受众的不同需求，选择最适合的媒体形式和渠道，深度融合，提供超细分的服务，实现对受众的全面覆盖及最佳传播效果。在我国，全媒体实验是从报业（传媒）集团开始的，报业的组织结构和生产结构也因此得以重构，视频报道业务逐步从传统业务结构中独立出来，全媒体记者逐渐成长为一支独立的力量。报业结构的转型也因此要求报纸记者角色的改变，在传统的报业记者队伍中，摄影记者与文字记者是报业的两大支柱且有严格分工，他们承担报纸新闻采集的主要任务。但在全媒体时代，记者除了报道文字新闻与摄影新闻之外，还要担负采集和制作视频新闻的任务，那些迅速掌握全媒体新闻采集技术，或直接专业化的全媒体记者成为报业结构转型的主导力量。

一、全媒体记者成长简史

　　全媒体记者的成长经历了一个较为漫长的过程，这一过程应该是与报业的数字化过程同步进行的。2003年，上海《东方早报》创刊之时，就明确提出将新闻视觉化作为其新闻运作的新理念。两年之后，浙江《嘉兴日报》及其子报《南湖晚报》实现内部资源整合，成立视觉新闻中心。同时成立视觉新闻中心的还有《南方日报》，其主要做法是将报纸版式设计人员、摄影记者和图片编辑进行优化组合。虽然，这些报纸的视觉中心具备了数字化的意识，但就实践而言，它们还只是在摄影和图片的视觉范围内运作，还没有在视频领域里取得突破，视觉记者也没有真正被设为专业岗位。但这一情况在2007年有了突破，《南方都市报》摄影部首次设置视频记者岗位，《新京报》和《京华时报》等也积极探索，启动视频记者岗位的专业化进程。2008年年底，杭州日报报业集团组建了由10人组成的"全媒体记者"，标志着视频报道的专业化建设拉开了序幕。而2009年年初宁波日报全媒体视频记者队伍的组建，标志着视频记者的专业化进入新时期。

但与国外相比，国内报业的做法还缺乏适当的制度建设和技术投入，数字化的报纸网站的视频新闻还没有属于自己的个性化的新闻产品。多数报业网站虽然也开启视频窗口，但真正属于自己的原创新闻寥寥无几，迅速培养一批网站专业全媒体记者应当成为重中之重。国外报纸的做法值得我们学习和借鉴，在西方，视频全媒体记者也被形象地称为"背包记者"（Backpack Journalist），也就是具有文字、摄影、摄像技术的全能记者，他们可以采访新闻，可以做各种新闻业务，所有设备都放在一个大背包里，能够同时承担文字、图片、音频、视频等报道任务，为多种不同媒体提供新闻作品。因此，背包记者迅速成为西方新闻界的第一批全媒体记者，中国报业的机构转型亟需自己的专业记者团队。

二、国外报业全媒体实验

西方报业为了适应数字报业转型的需要，纷纷成立自己的多媒体中心，培养自己的专业视频记者。《那不勒斯每日新闻报》成立了多媒体新闻中心，要求记者同时采集视频、广播和摄影新闻。《华盛顿邮报》已经对记者进行技术轮训，学习电视新闻的采集与制作技术，计划每周指定5名记者专门采集视频新闻，培养100名专职视频新闻记者。《坦帕论坛报》正在对60名文字记者和摄影记者进行摄像技术培训，其目标是将所有的记者都培训成为视频新闻的高手。《迈阿密先驱报》的摄影记者中有4名专职从事视频采访，每周的任务是制作18～25件视频新闻。报社的培训部主任查克·费德利说："报业目前已进入发展困境，每一家报社都不得不为生存考虑，视频新闻几乎是所有报社的唯一亮点。"虽然，报业的不景气迫使大批报社不断裁员，但摄像记者的需求日趋旺盛。因适应形势需要，美国国家报业摄影者协会在2007年成立多媒体训练中心，虽然培训收费高达650～680美元，但报名者还是蜂拥而至，训练中心的规模也在不断扩大，以满足对摄像记者培训的需求。[8]

除了文字记者迅速转型之外，传统报业的很多摄影记者也渴望掌握新技术，摄像可以拓展他们的工作思路，为其新闻工作提供更加宽广的舞台。过去的10多年，面对报业的经营危机和当下的金融风暴，许多报社放弃厚报的做法，开始为报纸瘦身，压缩新闻版面，少用、不用或缩小新闻照片，这一做法不但挫伤了摄影记者的积极性，甚至威胁到摄影记者的饭碗。但视频新闻为摄影记者提供了新的机遇，也为报社走出困境带来了希望，全媒体记者成为新闻行业最令人羡慕的职业。然而，所有这一切在过去的几年还是痴人说梦。一是报社无财力购买价格昂贵的摄像机，因为这是一笔不菲的支出。二是网络视频只能通过类似"小盒子"的视频框播放，视觉效果根本无法与电视相媲美。三是网络速度太慢，"争分夺秒"的网民难以容忍蜗牛速度。但现在情况不同了，不但摄像设备价格大大降低，网络宽带已经广泛普及，高收入群体和知识精英更喜欢通过视频观看新闻、体育和评论。因此，数字报业时代的到来已是不可避免的潮流，全媒体记者无疑将成为这一市场机遇的开路先锋。

美国媒体风暴公司总裁布莱恩·斯道姆认为，新一代报纸记者最重要的一点就是要学习搜集声音，把声音和静态的画面结合起来，制作类似电视新闻一样的文件，这将成为一种趋势。他认为，文字说明起了消除歧义的作用，但声音的加入把对照片的认知带到更高一层的理解。与此同时，视频材料可以为文字新闻提供更多的视觉表达，视频新闻部分取代文字新闻将是必然趋势。同时，随着公民记者的迅速成长，他们在突发性事件的现场报道中发挥越来越大的作用，视频新闻是一种主要的报道手段，成为报社采访力量的重要补充。在以全媒体数字技术平台为依托、以多媒体为主要报道方式的全新时代，迅速成长起来的视频全媒体记者是炙手可热的新闻人才，也是实现报业数字化转型的时代先锋。

国外权威调查发现，全媒体时代不只是读者偏爱视频新闻，很多传统报纸的记者也"厌倦"了黑压压的文字，他们发现视频材料可以为文字新闻提供更多的视觉表达，可以让故事的叙述和呈现更加生动与真切。西方报业对此有着清晰的观察与实践。20世纪80年代，很多读者开始不爱读报，转而被电视所吸引，报纸销量日益萎缩，报业经营遭遇危机。在这一背景下创刊的《今日美国》报宣称创办一张"电视时代的报纸"，其成功秘诀正是抓住了读者偏爱新闻图像化表达的特点。2004年11月底，《华尔街日报》网站率先推出视频平台，在网站的首页显示播出视频框，网民可以点击观看最新的视频新闻。2006年10月，《华盛顿邮报》网站开始播放视频新闻。这一年，美国有61%的报业网站可以播放视频新闻。目前，美国100%的报纸网站都设有不同模式的视频新闻发布平台。而且，有些报业视频平台具有较高专业水准，其传播模式也日趋不断完善和成熟。

可以设想，未来的报纸会成为一个立体的多媒体，即记者采访的新闻文字、图片、录像等在第一时间先到达受众，随后在报业网站上发布事件的实时进展情况，然后是报纸上的全面报道，最后是新闻事件的图文视频深度报道和分析。学者王荣研究认为，《今日美国》报的做法值得借鉴，其头版最长的文字消息不超过五百字，有的只有标题和副标题。然后把记者采写、拍摄的更多文字、图像、声音等内容"链接"到网络上。报纸稿件末尾都有指向网路版的链接路径，每个记者可在网上开设新闻博客，把报纸上容不下、发不全的声像、图文全部传到网络版或记者博客上，真正做到报网互相补充、互相联动。这样，报纸稿件可以写短，版数可以减少，成本可以降低，效益可以提高，新闻信息资源可以得到最大化的开发利用，同时还可以适应读者快节奏的阅读需求。[9]

三、报业视频平台的前景

当今，金融风暴横扫全球，报业生存日益举步维艰，全球报业面临历史性阵痛。在西方，先后有数家百年大报被迫弃报从网，几十家报业已向政府提出破产保护申请。在我国，报业虽无生死之忧，但生存之境已陷危机。在此背景下，报业（传媒）集团也迅速转型，已有四五家省级报业集团积极实施全媒体战略。在我国报业集团中，虽然涉足视频业务的时间较早，但视频新闻传播平台开发步伐迟迟没有迈出，而成功迈出第一步伐的是新华通讯社。2008年12月30日，新华社在运行文字新闻线路和图片新闻线路的同时，开始试运行我国第一条视频新闻专线，并于2009年3月1日正式开通。此前，2月18日，央视网开始积极筹建国家级网络电视台，目标会像新华社一样成为全球视频发稿平台。与此同时，各类商业网站也纷纷加入视频新闻竞争行列，新浪表示将加大视频新闻领域投入，优酷网等传统视频网站亦推出视频新闻平台。一时间，各种视频新闻平台开发与建设如火如荼。

在争夺视频传播平台制高点的激烈竞争中，报业集团也不可能坐失良机。尤其在金融风暴的无情冲击下，难拔头筹者无异于坐以待毙。在人类传播史上，视觉传播是最古老、最普遍的信息传递方法。在当今媒介技术飞速进步的时代，视觉传播已成为信息社会最重要的传播方式。学者陆小华认为，对于视觉表达的画面，不管是动态视频还是静态照片，都可以说比文字描述传递得更多一些，更复杂一些，有时更自我一些。因而，只要有条件，人们总是希望借助画面与欣赏画面。互联网时代来临后更是如此，它把人们心中潜伏着的视觉化表达欲望激发了出来。[10]因此，以视觉传达为目标的视频新闻的出现，不仅会影响到新闻传播业务的深刻变革，而且必将为报业提供新的盈利模式和市场机遇。有学者认为，视频材料可以为文字新闻提供更多的视觉表达，让故事的叙述和呈现更加生动与真切，视频新闻部分取代文字新闻将是必然趋势，视频新闻却成了报业竞争的新法宝。

我国报业集团尝试视频业务的过程大致可以分为三个阶段。

第一是视觉运作阶段。2003年，上海《东方早报》创刊之时，就明确提出将新闻视觉化作为其新闻运作的理念。两年之后，浙江《嘉兴日报》及其子报《南湖晚报》实现内部资源整合，成立视觉新闻中心。同时成立视觉新闻中心的还有《南方日报》，主要做法是将报纸版式设计人员、摄影记者和图片编辑进行优化组合。虽然，这些报纸的视觉中心具备了超前的意识，但就实践而言，它们还只是在摄影和图片的视觉范围内运作，视频新闻采集与制作还没有真正被纳入议程。

第二是视频报道阶段。2004年，少数报业集团觊觎商业视频网站的经验，开始在其旗下网站涉足视频业务，但产品内容大多来源于商业网站作品或电视画面，还没有自己制作的视频新闻产品。三年后，一些报业记者尝试通过手机等随身设备拍摄视频片断，视频新闻开始由报业专业记者采集。

2007年，继中国宁波网播报2.0上线之后，《南方都市报》摄影部首次设置视频记者岗位，鼓励记者采访音、视频新闻。随后，《新京报》和《京华时报》等积极推进视频报道的专业化进程。

第三是专业建设阶段。2008年年底，杭州日报报业集团组建了由10人组成的"全媒体记者"，标志着视频新闻报道的专业化建设拉开序幕。2009年年初，宁波日报报业集团依托专业视频记者队伍，率先组建全国首个全媒体新闻部，以全媒体数字技术平台为依托，以视频多媒体为主要报道方式，标志着国内报业视频专业化建设进入新阶段。如今，多家报业集团所推出的全媒体战略，更是加速了视频新闻平台建设的步伐。

与西方报业相比，我国报业的视频新闻平台建设还存在很大的差距，只有迎头赶上才不至于在全球竞争中甘拜下风。如前文所述，转型之后的报纸会成为一个立体的多媒体，即记者采访的新闻文字、图片、录像等在第一时间先到达受众，随后是报业网站上发布事件的实时进展情况，然后是报纸上全面报道跟进，最后是新闻事件的图文视频深度报道和分析。很明显，这是为报业集团构建视频新闻平台设计的美好蓝图。正如美国媒体风暴公司总裁布莱恩·斯道姆所认为，新一代报业记者不但要继续发挥文字的优势，还要迅速掌握搜集声音的采访技术，把声音和静态的画面结合起来，制作类似电视新闻一样的文件，这将成为一种趋势。同时，视频材料可以为文字新闻提供更多的视觉表达，视频新闻部分取代文字新闻将是必然趋势。在以全媒体数字技术平台为依托和以多媒体视频报道为主要报道方式的全媒体时代，视频新闻成为报业结构转型的新起点，全媒体记者成为这一转型的生力军，这是报业构建视频平台的坚实基础，也为报业的结构转型提供了内容与智力支持。

参考文献：

［1］彭兰.如何从全媒体化走向媒介融合［J］.新闻与写作，2009（7）：18.

［2］石长顺，唐晓丹.全媒体语境下电视编辑角色转型与功能拓展［J］.中国编辑，2009（2）：53.

［3］赵允芳.全媒体时代报业核心竞争力解读［J］.传媒观察，2008（12）：43.

［4］田勇.全媒体运营：报业转型的选择［J］.新闻与写作，2009（7）：9.

［5］蔡雯.从"超级记者"到"超级团队"——西方媒体"融合新闻"的实践和理论［J］.中国记者，2007（1）：81.

［6］张佰明.界面传播下的媒介嬗变趋势分析［J］.新闻大学，2011（4）：101.

［7］郜书锴.视频新闻：数字报业竞争的新趋向［J］.新闻记者，2009（1）：82.

［8］王荣.难道报纸不需要录像吗［J］.青年记者，2007（9）：13.

［9］陆小华.分享平台：新媒体的核心运作模式［J］.新闻记者，2007（1）：14.

第三章　新时代的新闻价值观

第一节　新闻媒体、企业与公共性

在媒介形式演进的历史进程中，媒体与企业的关系随之几经变化，大致出现了两个方向：一是在资本"合谋"下其乐融融、和平相处，二是在新旧媒体领域中剑拔弩张、刀兵相见。这两个方向都偏了离媒体与企业关系的正常状态，削弱甚至掣肘传媒公共性的实现。而市场化的当下，媒体与企业的关系又面临着媒体权力寻租、企业恶意利用、媒体与企业合谋等重重压力。因而，建立良好的媒企关系应当遵循四个基本原则：媒体应对负外部性保持警惕，企业应对媒体监督多些包容，媒体与企业之争议应回归事实，媒体与企业之合作应恪守责任。在此基础上，《新快报》事件值得我们深入思考。

2013年10月19日，广州《新快报》记者陈某因报道上市公司中联重科的财务问题涉嫌损害企业商誉而被长沙警方刑事拘留。10月23日，《新快报》"直接喊话"《请放人》，就陈某被刑拘事件发表声明并呼吁长沙警方放人。当日，《新快报》的呐喊成为热议话题，在社会化媒体平台上引起激烈讨论。10月24日，国内和国外的一些报纸刊文声援《新快报》，当日《新快报》再次"喊话"《再请放人》，中国记协发表声明表示对该事件高度关注，《新快报》事件持续发酵。10月26日，长沙警方称《新快报》记者陈某坦承受人指使而发表了对中联重科的失实报道，陈某于10月30日被批准逮捕。《新快报》于10月27日在体育娱乐版角落刊登致歉声明，羊城晚报报业集团在11月1日更换《新快报》的总编与副总编辑。此时，中联重科与《新快报》的恩怨暂时告一段落。

或为功利、或为公益，媒体与企业关系迎来残酷时期。媒体与企业热战使得传媒公共性的问题又重新被提起，我们需要冷静地思考：传媒、企业与公共性之间究竟是什么样的关系。

对于传媒❶研究来讲，公共性是学界一直关注的话题。陈韬文、黄煜等学者曾在《传媒与社会学刊》上撰文指出："传媒的公共性是传媒研究的核心议题，其关注的核心无非是传媒如何可以成为社会开放、平等、理性的平台，以及如何可以让公共利益通过商议而得到体现。"[1] 因此，在应然层面，传媒的公共性要求一种独立而开放的公共空间，在这个空间里，任何人都有机会平等而理性地探讨公共问题❷，作为传媒主体的媒体，其职责在于引导个体公众思考那些对公共利益来讲最有价值且最需要讨论的议题。但是传媒并非超然于社会结构的独立体系，它也根植于复杂的社会结构之中，于是在实然方面，传媒的公共性不断受到来自各方的冲击与挑战。除了政府和公众这两种因素之外，来自企业及其资本逻辑对传媒公共性的影响也是非常重大的，在这个层面，传媒的公共性面临着两个方面的挑战。其一，作为文化产业的传媒本身被纳入资本逻辑的体系，"意味着大多数符号形态是在资本主义市场竞争和交换的条件下，以商品的形式被生产、分配和消费的"。而在资本逻辑下，两种权力形式的影响最大："一是作用于传媒结构的权利形式；一是作用于传媒表现（由经济行动者）的权力形式。"[2] 其二，作为劳动者的传媒内容生产者在现代社会的劳资关系中境遇欠佳，"劳动者在液态现代的进一步弱势，当资本与劳动者发生冲突的时候，劳动者能够与资本'讨价还价'的能力已经变得很微弱"[3]。而作为媒体内容生产中重要一环的记者也面临着来自资本内部与外部的双重压力。

因此，传媒的公共性一开始就徘徊于媒体的话语权和企业的资本权力之

---

❶ 传媒是对媒体及其产业的一个概括，在讨论公共性时，本书使用了传媒而非媒体是为了把传媒产业和具体的媒体形式加以区分。

❷ 在《去政治化的政治与大众传媒的公共性》一文中，汪晖教授总结哈贝马斯在《公共领域的结构转型》中的公共领域的基本原则是参与性的、平等的和理性的对话，这也是应然层面公共领域的要求。

间，而媒体的进化也不断影响着两者的相互关系。

一、历史回眸：媒体与企业的生死沉浮

媒体与企业的关系并非一成不变，而是随着传媒环境和政治经济条件的改变而悄然发生着变化。在我国，自改革开放以来，媒体与企业的关系发生了三次较为明显的变化，出现了三个不同的阶段。

第一阶段，媒体在一定程度上决定了企业生死。

从改革开放初期到20世纪90年代中期，我国的传统媒体处于"皇帝女儿不愁嫁"的卖方市场，"平面媒体与电视媒体广告资源普遍短缺，电视台高高在上，报纸广告需要排队"[4]，在此情形下，媒体对企业有着绝对的优势，虽然这一时期，企业的公共活动由"茁壮成长"到"姹紫嫣红"（余明阳，2007），但媒体拥有着更大的权力，企业看到并相信媒体拥有"皮下注射"般的强力效果，纷纷迎合媒体。这一阶段，央视广告招标标王横空出世，并不断被新的纪录所刷新。吴晓波在《大败局Ⅰ》中曾提到央视1994年的广告标王对一个普通的白酒企业（孔府宴酒）带来的影响，"就是一场竞标会，一个3 079万元的数字，让一切秩序在瞬间崩溃，标王如一只巨大的手掌把弱小的宴酒（孔府宴酒）托升到一个前所未有的平台"[5]。1995年，秦池以6 666万的价格拍得标王，而在1996年，秦池更是拍出了超过3.2亿元的天价。然而，企业的付出在当时还不能唤起媒体战略合作的意识，央视与秦池是在做一场彼此心照不宣的快乐游戏。[6] 1997年，《经济参考报》报道了川酒入秦池的负面新闻，秦池在传媒一轮轮的打击中无力还手，而昔日的合作伙伴也保持高傲的冷漠，最终秦池一蹶不振，淡出了公众视野。同样在1997年，史玉柱的巨人集团也遭到媒体的"新闻封杀"，同年巨人营销机构垮掉，而遭此失败的史玉柱在接受采访时也坦言需要从头开始学习，并"尽力改善和媒体的关系"[7]。企业对媒体在经历了防、躲、拒之后开始转向主动沟通，企业开始进入媒体公关时期。

第二阶段，企业积极展开公关。

进入20世纪90年代末，我国的公共关系逐渐职业化。企业看到了媒体的巨大威力，纷纷积极采用各种渠道和媒体搞好公共关系。而此时的媒体正在经历意义深远的变革，一方面传统媒体的发展使得企业的广告活动有了多元的选择，另一方面互联网的应用和普及使企业获得了自主推广的机会。此时，各类公共关系层出不穷，"企业如何利用媒体""企业如何与媒体打交道""如何利用媒体进行危机公关"等话题红透大江南北，媒体与企业走进了表面其乐融融的时期。而这种在公关话语体系下的"媒体—企业"关系有时会偏离公共关系的精神，媒体与企业成为利益共同体，而随着媒体买方市场的到来，媒体与媒体从业人员也出现了"媒体寻租"的现象，各种各样的广告公关充斥着媒体。企业通过广告投入而对媒体的新闻决策造成影响，一方面"媒体选择和制作的新闻要能吸引最大量的可能购买广告产品的受众"，另一方面"媒体要用新闻内容制造一种对广告有利的环境"，而这两方面都会影响媒体的公共性。[8]从我国的媒体实践来看，媒体对自身广告商的批评较为谨慎，而对其他广告商的批评则可能更加严厉。在此情境下，央视批评苹果和星巴克的价格垄断就在网络引发了争议。公关至上的思维在美国也有同样的表现，"随着媒体数量的增加，公关关系产业繁荣起来（Miller，Dinan 2000），公共关系领域的雇员数超过了记者的人数"[9]。

第三阶段，媒体与企业对立相持。

在2000年之后，随着网络社会的崛起和社会化媒体的出现，传统媒体与企业之间的关系再度发生变化。在人人都有麦克风的新媒体时代，企业获得了和传统媒体相接近的话语权，在新媒体上，企业的资本权力也很容易快速转化为话语权，资本的影响力逐渐凸显。当企业受到媒体的批评时，企业也利用资本优势组织大量水军并通过微博、微信等煽动网民对媒体进行反批评。而此时，企业的广告投入也逐渐多元化，新媒体平台成为企业争夺的又一个战场，而传统媒体面临着数字化转型中的生死存亡时刻。2013年春夏之交，《京华时报》连续27天动用67个版面"批评"农夫山泉，而后者除利用其他媒体进行反驳之外，也利用微博等新媒体平台与《京华时报》直接展开了"正面交锋"；同样，在《新快报》陈某发表不实报道，批评中联重科之后，后者也迅速做出回击。由此，企业与媒体进入了相互对立、相持的新阶段。

二、现实观照：媒体与企业的利益纠葛

不管是沆瀣一气还是剑拔弩张，都并非媒体与企业关系的正常状态。改革开放几十年来，在媒体与企业的关系演变过程中，旧的问题没有得到解决，新的问题又不断出现，这些问题至今仍困扰着复杂的媒企关系。阐明并解决这些问题，还需回归到传媒公共性的本质上来。传媒的公共性是保证传媒社会公器属性的核心因素，传媒公共性的价值规范包括"公开性、公益性和理性批判性"[10]三个方面，传媒公共性的这三个层面对媒体批评企业提出了更高的要求：媒体有公开批评企业的权力，但也要给企业以申辩的权利；媒体对企业的批判要符合公共利益，媒体应该多些理性的探究而非感性的批评。早在1993年，新华社新闻研究所原所长徐人仲在《经济新闻学初探》一书中指出，"经济记者要有大无畏的气概，勇于批评"并且"要坚持为'公'而采写批评性经济新闻的原则"[11]，但从此后20年的实践看，仍有一些因素影响着传媒与企业的关系，主要表现为以下三个方面。

其一，媒体权力寻租。

媒体能够设置议程，吸引公众的注意力，而且对于企业来讲，媒体构成了除政治和市场之外的又一种重要资源，这为媒体寻租提供了机会。从实践来看，媒体寻租既可以表现为有偿新闻，也可以表现为有偿不闻。有偿新闻是指部分媒体或部分媒体从业人员为了广告费、赞助费等利益对企业进行不实的宣传，进而扰乱了正常的经营秩序，同时夸张的甚至虚假的宣传也会损害消费者的利益；有偿不闻则是部分媒体借助舆论监督之名而行索取利益之实，有的企业真正存在问题，但因为支付了"封口费"而躲过了媒体的曝光，还有的企业本身并不存在问题，只是对媒体的影响力心有忌惮，因而"破财免灾"。2010年3月，新闻出版总署通报了在河北蔚县矿难瞒报事件中违法违规的媒体工作人员及其处理情况，在此事件中，8家媒体和10名记者陷入"封口门"并受到不同程度的处罚。2013年2月，中央电视台《焦点访谈》在《蹊跷的"采访"》一期节目中，曝光了李德勇在连云港进行新闻敲诈一事。节目反映了一个触目惊心的事实——很多企业虽然明知有敲诈嫌疑，但是"不愿得罪人"，赔笑面对媒体工作人员，还有企业对拿钱应对记

者已经轻车熟路。❶

部分媒体的权力寻租现象使得媒介公器成为追求一己之私的工具，而此时媒体公共性所要求的"促进整个经济、政治、社会和文化决策过程中的平等和最大可能的参与"[12]已然遭到破坏，媒体在权力寻租的同时也丧失了自己的公信力，影响了自身在企业中的形象。而随着劳资关系在现代社会的改变，作为一种劳动力的记者，在资本面前更加卑微无力。[3]

其二，企业恶意利用。

除了媒体寻租，媒体与企业的不正常关系还包括企业恶意利用媒体。媒体在报道新闻时要求时效性，因而不能仔细地对所报道问题的方方面面进行深入考证，企业也看到了媒体时效性与精确性的这对矛盾，精心策划事件吸引媒体充当"打手"，媒体以为是做正常的经济新闻报道，但不经意间沦为大企业互相争斗的工具。《新快报》陈某事件曝光之后，中联重科及其竞争对手的矛盾也逐渐浮出水面，"尽管陈某案还在侦查过程中，外界尚不知陈某接受了何人指使、竞争企业在其中扮演怎样的角色，但中联重科与竞争企业延宕多年的恩怨情仇再次走入了聚光灯"❷。而同样的疑问也出现在农夫山泉与《京华时报》之争，农夫山泉之所以质疑《京华时报》，既因对媒体的批评不满，也因《京华时报》和水生产企业的一些合作关系。❸

另外，公共关系的勃兴也为企业提供了很多利用媒体的手段，在很大程度上，这些操作手段偏离了公共关系的实质，而且指导公共关系的"泛滥的功利主义还可能消解公关行业的价值理想和终极追求，导致从业者意义的坍塌和人格的异化"[13]。

---

❶ 央视网. 蹊跷的"采访"［EB/OL］.（2013-02-18）［2019-06-28］. http：//news.cntv.cn/2013/02/18/VIDE1361189886050957.shtml.

❷ 张伯玲，于宁. 腾讯财经：中联三一争斗始末：中国式竞争致两败俱伤［EB/OL］.（2013-11-04）［2019-06-28］. http：//finance.qq.com/a/20131104/003706.htm. 在案件侦查中，不能臆测相关企业在此事件中发挥的作用，但是根据央视的曝光，陈某确系受人指使而发表了不利于中联重科的报道，故在引文中，隐去了相关企业的名称。

❸ 陈轩甫. 观察者：《京华时报》咬农夫山泉 是为京华小蓝帽多卖水？［EB/OL］.（2013-05-07）［2019-06-28］. http：//www.guancha.cn/Media/2013_05_07_143039.shtml.

其三，媒体与企业合谋。

媒体与企业的第三种非正常关系是合谋关系。我国在20世纪90年代中期尝试媒体的双轨制，"事业性质、企业化运作"成为媒体双轨制的具体运作模式。于是"中国的传媒业长成了'计划的脑袋'和'市场的肚子'，不得不在事业和企业之间小心翼翼地像走钢丝那样寻找平衡"[14]。但是随着媒体的增多，对广告资源的竞争也日渐激烈。媒体与企业在资本问题上寻找到了共同点，并结成某种程度的资本合谋。

媒体与企业的这种合谋既有有意的合谋也有无意的合谋，"传媒业在市场化的进程中，可能会陷入利益集团的包围圈，并逐渐为某些利益集团所影响和控制，或者自身转变为一个独立的利益集团"[15]。和企业一样，媒体的逐利也和其传播信息的公共性之间存在着矛盾，于是媒体与企业在这种其乐融融的合谋背后留下了损伤公共性的隐忧。在资本逻辑之下，媒体对广告投放企业的批评多有回避。

三、未来方向：媒体与企业的公共愿景

改革开放几十年来，媒体与企业呈现曲折复杂的关系史，媒体与企业的爱恨情仇，恩怨瓜葛都与媒介的变化有着密不可分的关系。以往谈及媒体与企业的关系，我们多以企业为本位，探讨企业如何利用媒体、如何处理与媒体的关系。这些在公共关系视域下的研究其实遮蔽了正常的媒体与企业的关系。在"企业如何应对媒体"的话语中，媒体或为"天使"或为"魔鬼"，而这都偏离了媒体本身的权利与义务。展望未来，回归正常的"媒体—企业"关系，我们既需要从传媒公共性的角度思考媒体在企媒关系中的角色与责任，又需要跳出公共关系的思维去思考企业面对媒体时的身份与态度。基于此，要坚持以下原则。

第一，媒体应对负外部性保持警惕。

媒体对企业有监督的权利和义务，但是媒体在批评企业的同时，对自身的权力也应该有所警惕，如果媒体在"采取行动或决策时没有把可能的成本或效益纳入考虑"[16]，那么媒体除利用事实影响读者之外，还可能要承担

对第三方负外部性的后果，而这个第三方就有可能是企业的合法层面。在很多媒体为《新快报》记者陈某而呐喊时，中联重科A、H股价均受到影响❶，而在央视报道《新快报》记者陈某承认自己受人指使而发表不实报道之后，中联重科的A、H股大涨❷。

媒体的报道可能只是议题的一个方面，但是这种报道很容易引起框架效果，受众或消费者往往通过媒介报道的框架来评估企业，这对企业的杀伤力未免太大。逐利是企业的天职，媒体作为社会公器有必要且有义务对企业逐利过程中的不法行为进行披露，帮助创造一个公平有序的市场环境，但对企业合法的行为要保护，不能把批评扩大化，更不应该带有情绪的非理性煽动，要给予企业一个改正的机会。

第二，企业应对媒体监督多些包容。

作为企业，要对媒体的监督多些包容，同样，媒体也非圣贤，也可能会犯错误，但需要看到这些错误是在"为公"还是"为私"的出发点上。媒体或媒体从业人员若出于一己之私而进行错误地报道，那么需要接受相应的惩罚，若出于"公共性"的考虑，则需要社会和企业给予一定的宽容。当然，这并非意味着媒体不承担责任，是希望社会也给媒体一个改过自新的机会，而这种机会对于维护言论和思想的活力弥足珍贵。1923年，美国伊利诺伊州法院审理了《芝加哥论坛报》失实案，该报在报道芝加哥政府破产时存在失实的情节，但最终法院判《芝加哥论坛报》无罪。对于涉及企业的财经新闻或经济新闻，我们依然要有这样的信念，为了公众的利益和一个有序的市场秩序，我们宁可给予媒体以宽容和自由。

对于社会的进步来说，批评是一种宝贵的精神，而眼下媒体也面临着政治和资本的双重压力——传统媒体在苦苦追寻转型之路，很多报社的资本仅

---

❶ 悠然. 新浪财经：中联重科A、H股价均大跌 质疑公司造假记者遭刑拘［EB/OL］．（2013-10-23）［2019-06-28］. http：//finance.sina.com.cn/stock/gujiayidong/20131023/133417084862.shtml.

❷ 悠然. 新浪财经：新快报记者承认收钱诋毁中联重科，A、H股齐大涨［EB/OL］．（2013-10-28）［2019-06-28］. http：//finance.sina.com.cn/stock/gujiayidong/20131028/093717134639.shtml.

够勉强经营，媒体共同体的内部也出现了分化。此外，一些媒体从业人员的污点行为也使得媒体深陷"塔西佗陷阱"，媒体的公信力受到空前的损害，媒体迎来了"艰难岁月"。媒体一方面要自律，另一方面也需社会给予良好的外部环境支持。

第三，媒体与企业之争议应回归事实。

媒体和企业难免会出现争议，这也是媒体和企业关系中不可避免的情况，因为企业和媒体在社会上都有自身的角色和价值，其自身也会出现各种错误，这些错误需要监督、批评甚至受到法律的处罚，但是这种监督和批评必须严格限定在法律的框架之内，就事论事，非将对方置于死地而后快。

2013年11月4日，农夫山泉派员赴京举报《京华时报》针对该企业的76篇报道为虚假新闻。❶对于企业来讲，这是一次正常的主张权利行为，事件的结果也必然会引起学界与业界的关注，但是我们希望看到的是双方能够回归事实本身，在法律框架之内解决问题；更希望看到双方并非为一己之私而争斗，在可能出现的输赢、双赢或者双输的结果之外，需要告诉那些被封为"上帝"的消费者和受众，在饮水方面，什么才是健康的、符合公众利益的选择。而同样，《新快报》陈某在接受相应的法律惩罚之外，还需要澄清他所报道的针对中联重科的新闻哪些是虚假的，这样不仅是对中联重科负责，更是对公众的知情权负责。

媒体与企业的关系也需要第三方来仲裁，在2013年上半年农夫山泉与《京华时报》的争议中，双发都动用了各自所能发动的资源优势，各抒己见且又自说自话，最终双方都有损耗，结果不了了之。中联重科在受到媒体的不公待遇之后，也非立刻与媒体、记者对簿公堂，而是求助于公权力的帮助，以刑事案件的方式介入企业与媒体的名誉纠纷，反映出了企业与媒体交流的无奈。

第四，媒体与企业之合作应恪守责任。

---

❶ 新浪财经. 农夫山泉：已派员上京举报京华时报76篇虚假报道［EB/OC］.（2013–11–04）［2019–06–28］.http：//finance.sina.com.cn/chanjing/gsnews/20131104/100417212336.shtml.

媒体与企业的关系，或为利益共同，亲密无间，或为反目成仇，极端对立，这些都不是媒体与企业关系的常态。正常的媒体——企业关系应该是各司其职，媒体应该以其社会公器之定位为安身立命之本，通过真实、客观、负责任的新闻来塑造自己的公信力和影响力。而企业也应该以公平竞争和诚信经营为安身立命之本。媒体和企业应该有适当的距离，如学者尼古拉斯·加纳姆所说："大众媒介领域经济与政治的根本冲突不可能解决，因此，政治任务就是在两者之间取得一种历史性的恰当平衡。"[17]这种平衡和距离提醒媒体出于公共性而非企业的广告支持或其他因素的影响对企业予以支持或批评，企业也不必过分思考如何朝向媒体而发动一系列出格的媒体公关。

纵观媒体与企业的关系史，我们应该对媒体的权力寻租、企业的恶意公关和媒体与企业的非正常合谋与对抗保持警惕，并在公共性的前提下保持媒体与企业的距离。媒体与企业都是社会有机体中重要的组成部分，回归正常的媒企关系，不仅能保证有一个自由而负责任的媒体，也会带来一个自由而负责任的企业。

第二节　重塑新闻传播业的核心价值

核心价值体系是由核心价值观构成的思想体系，而核心价值观的产生又取决于社会现实条件与客观要求。在人类现代化发展进程中，新闻传播业的核心价值观被认为是促进社会发展的重要手段。然而，社会危机对新闻传播业在公共服务职能、新闻报道立场、社会责任原则等核心价值观造成巨大乃至毁灭性冲击。因此，新闻传播业价值观的重塑亟须在社会转型进程中吐故纳新，把坚守社会责任这一核心价值观放在突出位置，不断完善和优化新闻传播业的核心价值体系。

在不同的历史时期，新闻传播业的核心价值体系也存在差异。从权威主义理论、自由主义理论、社会责任理论到共产主义理论，新闻传播业的价值体系的核心价值观各不相同，甚至相去甚远。当代社会，民主形式主要表现为协商民主，其实质就是要实现和推进公民有序参与政治，互联网为这一民主形式提供了客观条件。当代，以互联网为代表的新媒体得到迅速应用与普及，使传统的报纸、广播、电视新闻业遭遇全面危机，而金融危机与社会危机更使新闻传播业雪上加霜。新闻传播业历来被视为民主社会公共利益的守护神，在经济复苏的后危机时代，促使新闻传播业的快速复苏不仅是行业义不容辞的责任，更是国家和政府义不容辞的责任。因此，探索和实践新闻传播业在公共服务职能、独立报道立场和社会责任原则上的深刻变革，不仅是西方新闻传播业更是我国新闻传播业面临的现实而迫切的任务。世界各地媒体、各类媒体，树立和秉持高度的社会责任感比以往任何时候更为重要。

一、公共服务体现国家层面与地方层面兼顾

公共服务源于媒体具有的"公器"属性，是自古至今新闻传播业的核心价值观之一。无论在传统媒体时代，还是新媒体时代，新闻传播业都要服务于公众，而不是特定的利益集团或群体。同时，在服务公众的层面上，尤其对地方媒体而言，既要体现国家层面，又要兼顾到地方层面。而区域性的公共服务还没有专业化的区域传媒，目前只能靠地方专业媒体的跨区域合作，网络媒体与新媒体的出现部分解决了这一困局。然而，公民化与专业化的转型出现了"断裂"。正如学者雷跃捷等对美国新闻传播业研究所揭示的那样："传统媒体纷纷倒闭或裁员，公共事务和地方新闻乏人问津，传媒格局发生重大变化，而新的传媒格局尚未完全建立，新媒体尽管发展迅速，但尚未完全独自承担起历史赋予的重任，特别是在事关地方公共利益的问题上，出现了传媒真空地带。"❶填补这一"真空"地带，传媒需要同时发挥在国家层面与地方层面上的公共服务职能。

无论中外，往往在重大抉择的关头，新闻传播业就会重返服务公共利益这一核心理念。恰如刘自雄等学者研究指出的那样："在美国传播体制内，

---

❶ 雷跃捷，严俊. 审视传媒转型中的中国新闻业——读《重建美国新闻业》的启示[J]. 新闻与传播研究，2010（2）：100.

自由市场主义信仰与媒体的公共角色之间始终存在着紧张关系，在市场繁荣的时候，市场新闻学深植人心。一旦市场失灵，谋求公共化的呼声就会上升。"❶为此，他们提出："无论是私立的还是公立的大学，都应将开展问责的新闻报道和传媒研究作为教育任务中的一部分，拥有自己的新闻组织，并为其他非营利新闻组织提供报道平台。此外，独立博客作者的加入以及都市市民对公益性报道的 '草根式'参与，都为这种重建构想增添了浓郁的公共色彩。"❷

　　新闻传播业的历史表明，虽然不同国家的媒介制度性质迥异，但传媒一直都具有公共资源的性质，始终以维护公共利益为其根本目标。学者吴飞教授指出："传媒业被期望成为公共利益的守护者，似乎在新闻业出现后不久就产生了，尤其是新闻业开始意识到自身发展需要有专业主义理念之后。那时，为'公共利益''公共福祉'而发掘社会中隐藏的真相成为一种崇高的职业理想，又成为其张扬合法性的基础。"❸但是，由于经济危机和新媒体的强力挤压，传统新闻媒体遭遇重重危机，面临生死考验的新闻传播业自身难保，更遑论守护公共利益。美国传媒专家伦纳德·小唐尼等人认为："新闻传播业正在经历史上最艰难时期的考验，传统上被称为主流媒体的报业和电视业正遭受前所未有的危机。长期以广告作为经济支柱的报业经济模式正在崩塌，传媒业的新闻独立性遭遇历史性考验，新闻报道的数量和质量急剧减少和不断下滑，报业和电视传媒的受众正在以惊人的速度流失，经营危机的步伐似乎正步步紧逼。"❹

　　独立与自由被认为是民主媒介体制的基本特征，也是新闻传播实践服务于社会的前提条件。无论什么样的社会制度，也无论什么样的媒介制度，

---

❶ 刘自雄，许雯，高亚男.论美国报业面对数字化转型危机的拯救策略——解读《重构美国新闻业》报告[J].国际新闻界，2010（5）：76.

❷ 刘自雄，许雯，高亚男.论美国报业面对数字化转型危机的拯救策略——解读《重构美国新闻业》报告[J].国际新闻界，2010（5）：73.

❸ 吴飞.新闻专业主义研究[M].北京：中国人民大学出版社，2009：80.

❹ LEONARD DOWNIE JR，MICHAEL SCHUDSON. The reconstruction of American journalism[EB/OL].（2009-12-09）[2011-04-18].http：//www.cjr.org/reconstruction/the_reconstruction_of_american.php?

实现公共利益是新闻传播业的最高原则。然而，迫于生存需要和金融危机压力，新闻传播业与政治、经济利益的共生共存关系，逐渐演化为完全依附于政治经济集团的关系，结果是其公信力逐渐丧失。新媒体时代到来以后，虽然传统媒体部分地丧失了独立、自由的社会功能，但很多人对未来的新闻传播业还是充满信心，坚信互联网完全可以承担独立报道的使命。互联网使一切梦想成为可能，它具有的自由接近性和成本低廉性，使传统媒体的专业性和垄断性优势不复存在，而网络媒体则可以借助微薄收入就可以生存壮大。在以互联网为代表的新媒体时代，新闻传播业正经历重大转变，一种新的新闻传播业正在出现，新闻传播业的公民化正取代专业化，内容呈现出多媒体化与全媒体化，内容接收呈现出个性化定制，这是一种与传统新闻传播业完全不同的形式，新闻传播业的公共服务在公共参与中得以彰显和提升。在我国新闻出版体制改革过程中，无论国家媒体还是地方媒体，无论传统媒体还是新媒体，对公共事务和地方新闻的报道应当同时加强，做到全国与地方一盘棋，国际与国内相协调，保持新闻传播业的整体协调发展。

二、新闻报道倡导专业生产与公民生产共存

生产关系是由生产力所决定的，新闻生产关系同样取决于新闻生产力。传统媒体时代的新闻生产几乎是垄断的，新媒体时代的新闻生产则走向共同生产。当代社会，随着数字化变革步伐的加速，传播技术取得了巨大进步，在政治、经济、文化、管理等集体力量的共同作用下，新闻传播业的性质发生了巨变，公民参与新闻生产为新闻传播业提供了巨大的发展空间。然而，对新闻传播业而言，无论是专业化还是公民化的，最终起决定作用的毕竟是"独特"的内容，只有提供独家新闻、独立报道、独到见解，媒体影响力才会与时俱进，新闻传播力才会与日俱增。刘自雄等学者的研究认为："重构新闻业的基本原则是，无论媒介形态，不管赢利与否，一切皆以是否有助于'维护报道的独立性'为准绳。"❶

---

❶ 刘自雄，许雯，高亚男. 论美国报业面对数字化转型危机的拯救策略——解读《重构美国新闻业》报告［J］. 国际新闻界，2010（5）：73.

显然，今天的新闻报道方式已经完全不同于过去，新闻传播业的变革与国家的变革一样，同时受到经济、政治、文化和人口等多种因素的影响。对于传媒而言，经济的影响不但来自国家经济的总体状况，而且来自公民个人的经济收支情况，一个殷实的公民社会才有可能在公共利益上增加投入。政治对传媒的影响主要表现在两个方面：一是政治文明和政治民主允许传媒的充分监督，二是传媒允许公民个人的充分参与，政治的进步与传媒的进步是并驾齐驱的。人口对传媒的影响也不容忽视，城市化进程中农业人口的城市化和卫星城的发展，都对人口的分布和传媒的地理布局产生巨大影响。在传统的封闭型社会里，传媒报道很少或几乎不重视地方新闻，新闻报道的形式单一，新闻总量也远非现在所比，甚至对现在的网络新闻还持排斥态度，新闻也不像现在这样与公民的生活息息相关。❶

如今，全球新闻传播业进入一个崭新的时代，在传统媒体遭遇危机的窘境里，新媒体所具有的双向性、便携性、海量性和草根性等特点，无疑会催生包括网民在内的广大公民的自主意识，而这种自主意识的唤醒逐渐会带来公众对于公共事务的关注和参与。在这个意义上产生的公共新闻，将以一种新的新闻报道理念和方式发展成为一种新的新闻报道领域。新媒体催生的受众参与新闻传播的热情，由新的新闻传播理念、传播渠道和传播方式催生的草根意识、民主意识，都在孕育着公共新闻的诞生和壮大，都在孕育和催生着新闻报道的变革。❷

新闻传播业是民主社会的监督者与维护者，网络新闻提供了民主的新形式和监督的新渠道。正如美国学者约翰·帕夫利克所言："新媒介为民主的落实提供了前提，因特网和万维网使得几乎所有的人都可能拥有一个电子媒体。"❸他特别推崇新闻哲学家A.J.利布林的话："只有拥有媒介的人才会拥有言论自由。"❹约翰·帕夫利克还指出："新媒介运用于新闻传播业

---

❶ 郜书锴. 新媒体时代新闻业的变与不变［J］. 青年记者，2010（13）：19.

❷ 雷跃捷，严俊. 审视传媒转型中的中国新闻业——读《重建美国新闻业》的启示［J］. 新闻与传播研究，2010（2）：102-103.

❸ 约翰·帕夫利克. 新闻业与新媒介［M］. 孙军芳，译. 北京：新华出版社，2005：102.

❹ A J LIEBLING. The press［M］. New York：Ballantine，1975：32.

不仅可以产生更好的、具有丰富背景的报道，而且还可以最终造就更知情的读者与公众。"❶正像媒介学者罗伯特·W.麦克切斯尼所写到的那样："民主要求有效的、构成广泛的政治沟通系统，能使公众知情，并参与到民主之中，吸引公民积极参与到政策制定过程中。当社会变革显得更激烈、更复杂时，这一点就变得尤其重要。"❷

然而，正是在社会变革和转型的时期，在各种利益被重新调整和分配的过程中，传媒为了实现自身的利益，在服务理念上出现偏差甚至扭曲，或者以知情权的名义放任"信息泛滥"，给社会发展带来的负面影响时有发生。报业权威专家提姆·麦奎尔说："传统新闻反对有闻必录，但有闻必录是数字时代的优势，传媒能做的是把一切可能捕捉的新闻和盘托出。"❸网络时代，公共新闻成为新闻传播业最显著的特征，公民不但积极地参与传播新闻，更积极地通过专业媒体和个人媒体参与权力监督，保证权力的"阳光运作"和"人民民主"，媒体成为最为有效的纽带与桥梁。显然，新闻媒体的消失会带来致命的危险，那就是专业新闻可以为公共利益代言和引导受众议程。所以，无论媒体的技术形态如何变化还是存亡与否，任何一个国家的发展都离不开新闻传播业，因为只有如此才能造就更知情的大众，这是维系民主和完善监督制度的客观需要。因此，不管是市场化的媒介体制，还是国有化的媒介体制，新闻传播业的兴衰都与社会发展紧密相关，只有政治文明、经济发达和文化繁荣的社会，新闻传播业才能因此而繁荣发达，并保持其独立性、原创性和公信力。

在社会极速变革或转型的时刻，重塑新闻传播业的主要出路在于打破政治、经济、文化等各种力量的束缚，一方面尽力使传统媒体摆脱对利益集团的过度依赖，另一方面大力推进网络媒体和新兴媒体的建设，最大限度地

---

❶ 约翰·帕夫利克.新闻业与新媒介[M].孙军芳，译.北京：新华出版社，2005：143.

❷ ROBERT W MCCHESNEY. Corporate media and the threat to democracy［M］. New York: Seven Stories，1997：13.

❸ LEONARD DOWNIE JR，MICHAEL SCHUDSON. The reconstruction of American journalism［EB/OL］.（2009-12-09）［2011-04-18］. http：//www.cjr.org/reconstruction/the_reconstruction_of_american.php?

实现新闻传播业的独立、自主，实现其完全市场化或有限市场化可持续发展的目标。雷跃捷等学者研究认为，媒体既是一个重要的产业，更是一个新闻舆论工具、一项公共事业。在我国新闻出版体制改革过程中，对公共事务和地方新闻的报道不能因这场变革而削弱，而是应当加强。❶新闻的专业化生产与公民化生产各有所长，其长期共存将成为新闻传播业的必然趋势。正如吴飞教授所说："随着新媒体技术的发展，社会将逐步走向'全民记者'时代，在这个时代，新闻专业主义必然不是少数人的职业追求，而应该变成公民基本素养。"❷

三、社会责任坚持市场原则与问责原则并重

社会责任不仅是新闻传播业的核心价值观之一，更是其自身得以产生、存在和发展的立足之本。在高度市场化的西方传媒制度中，新闻传播业的自由在经历"信任危机"之后，促使了社会责任意识的增长，并逐步成为其发展的职业要求和内在动力。在我国媒介管理中，新闻传播业的自由建立在责任的基础之上，以社会效益或社会责任优先于经济效益作为基本准则。然而，部分媒体在市场的驱动下，有意或无意偏离新闻传播业的根本原则，造成损害或危害社会的后果。刘自雄等学者认为："长期以来，美国公共电台、电视台声音微弱，需要重组公共广播公司，在每个社区建立公共站点，为本地新闻报道提供大量的资源，或可促使过度商业化、娱乐化的新闻业向问责制新闻（公共新闻）转向。"❸

新闻传播业"转向"的过程，也正是这一行业发生巨变的过程。事实上，长期以来的市场化和十几年前的金融风暴成为传媒业重新洗牌的分水岭，多个国家的报业和整个新闻传播业纷纷坍塌，传媒市场出现新的分界点。处于风暴中心的美国传媒业正经受史无前例的打击，一方面

❶ 雷跃捷，严俊.审视传媒转型中的中国新闻业——读《重建美国新闻业》的启示[J].新闻与传播研究，2010（2）：99.

❷ 吴飞.新闻专业主义研究[M].北京：中国人民大学出版社，2009：427.

❸ 刘自雄，许雯，高亚男.论美国报业面对数字化转型危机的拯救策略——解读《重构美国新闻业》报告[J].国际新闻界，2010（5）：73.

是受金融危机拖累，美国报纸发行量和广告收入直线下降；同时，来自网络等新兴媒体日趋激烈的竞争，也对报业维持广告收入带来挑战。然而，这些还都只是外因。其实，最为根本的原因是报业放松责任意识，导致自食其果。

深受市场化和经济危机的影响，法国一些报纸不得不做出停刊或节假日停刊的决定，包括《解放报》《费加罗报》等在内的一些全国性报纸和地方报纸纷纷公布了未来一段时间内的停刊计划。中文报纸《欧洲日报》也宣布"永久性"停刊，原因是"外在环境变化迅速，网络新闻媒体普及，影响纸质媒体的发行；而金融危机的冲击，更造成广告流失"。同时，由旅法华人创办的欧洲华语广播电台节目已正式开播，其覆盖地区主要为大巴黎地区。……法国政府努力化解本国报业危机——欧洲报业在风雨飘摇中如履薄冰，日本报业也全面告急……金融危机重创实体经济，直接导致媒体的广告锐减。由于广告收入大幅萎缩，全球媒体普遍陷入困境。对当代新闻传播业而言，一方面是媒体"丛林法则"下的优胜劣汰，另一方面是新媒体环境下新闻传播业的新机遇。无论媒体形态如何变化，也不论媒体是否真的消失，新闻传播业只会越来越发达，因为它是推进社会进步和促进人类发展的基本工具。

因此，对新闻传播业来说，市场化与金融危机一样，是把"双刃剑"，一是使媒体的生存陷于困难，二是使传媒业的结构调整与优化升级。与此同时，西方国家在传媒经受危机的时刻，政府往往可能提供扶持性政策。有学者对历史上的多次经济危机进行研究发现，每一次经济危机都会引起政府对传媒业的政策调整和支持："1929年大萧条时期，美国政府推出了若干联邦文化计划，1997年亚洲金融危机日、韩等国提出的相关发展文化产业的方针都对包括传媒产业在内的文化产业起到了推动作用。在本次金融危机影响下，政府已经出台并且应该还会出台对传媒业发展能够起到良性作用的直接或间接的相关系列政策，值得传媒业密切关注、深入研究，及时调整策略。"❶也有学者指出："与历次金融危机相比，最近一次的金融危机

❶ 蔡尚伟.金融危机和传媒业发展[J].现代传播，2009（1）：34.

波及的范围可能更广，影响程度可能也更大，但危机中往往蕴藏着巨大机遇。从历史发展来看，每一次金融危机，反而都是娱乐产业上扬的时候。这就是人们通常所说的'口红效应'。"❶金融危机对新闻传播业的影响是显而易见的，传媒评论家汤姆·福里姆斯基在自己的博客中写道："金融危机造成的直接影响是压缩记者、编辑人员，新闻报道的经济资助也被大大减少。金融危机是对新闻传播业的再一次重创，但全球传媒业整体复苏已经开始。"❷

后危机时代，以公共新闻为导向的复苏目标，既是新闻传播业的出路，也是责任媒体的必然选择。"公共新闻的良性发展，仍旧需要有像传统媒体那样组织严密、专业精湛、经费充裕的新闻报道组织机构来支撑。"❸学者雷跃捷等人研究指出："公共新闻的大量出现，将加大新闻政策管理的成本，继而会加大政府的管理成本。把握正确的舆论导向，是党和政府要求我国新闻传播事业的一项最重要的任务，它以新闻工作要坚持党性原则，服务人民，服务于社会主义事业，服务于党和国家的工作大局的基本方针作为基本要求。"❹

毋庸置疑，新闻传播业的核心价值体系的形成经历了一个漫长的历史时期，而其重塑的过程也注定是漫长的，甚至还会经历曲折、阻碍与挑战。公共服务会随着社会阶层的分化而变化，新闻生产将把传播与接受融为一体。社会责任无疑是新闻传播业的立命之基，不断重塑和提升新闻传播业的核心价值观，完善和优化新闻传播业的核心价值体系，使之有机融入整个社会的核心价值体系之内——这一任务将任重而道远。

---

❶ 谢耕耘. 金融危机对传媒业的影响及对策研究［J］. 新闻记者，2009（3）：6.

❷ TOM FOREMSKI. The financial crisis and its impact on journalism［EB/OL］.（2008-09-28）［2011-04-18］http://www.siliconvalleywatcher.com/mt/archives/2008/09/the_financial_c.php.

❸ 雷跃捷，严俊. 审视传媒转型中的中国新闻业——读《重建美国新闻业》的启示［J］. 新闻与传播研究，2010（2）：102.

❹ 同注❸.

第三节　新闻传播事业的国家布局

新闻丑闻或滥用新闻自由引发的新闻传播业危机，可能会逐渐演化为一种国家危机。

《世界新闻报》的"窃听丑闻"直接导致了报纸的关闭，英国政府宣布将加强对媒体的监管，搁置默多克新闻集团的媒体收购计划。随后，美国政府部门着手调查新闻集团旗下的《纽约邮报》是否涉嫌违法行为以及新闻集团在"9·11事件"中是否涉嫌窃听语音信箱。英国政府和美国政府直接介入新闻媒体的"丑闻"调查，是直接动用国家权力干预新闻出版业，其实质是在推行新闻出版业发展的国家战略，目的就是要通过国家权力防止滥用"新闻自由"，实现新闻报道的客观、公正，使新闻出版业为促进国家发展服务。就世界范围来看，新闻丑闻或经济危机引发新闻出版业的危机接踵而至，长此以往可能会危害国家发展，进而逐渐演化为一种国家危机。因此，新闻出版业的发展需要纳入国家层面统筹考虑，并在法律的框架下做出制度安排。

一、国家层面的实施原则

国家层面的实施包括宪法层面和专业层面，新闻出版自由不仅是公民个人的需要，更是国家发展的需要。依法享有新闻自由和承担社会责任，这是所有原则的出发点与落脚点。

（一）维护国家宪法的尊严，保障公民享有新闻自由

无论西方还是我国，都有一定的宪法条文保障新闻自由。美国第一宪法修正案规定：国会不得制定关于下列事项的法律——确立宗教或禁止新教自由；剥夺言论自由或新闻自由；剥夺人民和平集会和向政府请愿申冤的权利。我国宪法也明确规定：公民有言论、出版、集会、结社、游行、示威的自由。宪法规定的新闻自由或出版自由既是国家依法行政和实现民主的需

要，也是公民实现"四权"（知情权、表达权、监督权、参与权）的需要。因此，无论在传统媒体时代还是新媒体时代，宪法对新闻自由的保护精神不会改变。在宪法的范围内，公民依法享有新闻自由，依法享有媒介的接近权和使用权。为了保障这一权利的实现，联合国人权公约规定：人人有自由发表意见的权利；此项权利包括寻求、接受和传递各种消息和思想的自由，而不论国界，也不论口头的、书写的、印刷的、采取艺术形式的或通过他所选择的任何其他媒介。

（二）保证新闻的真实性，保障新闻的国家发展目标

真实是新闻的生命，客观报道世界各国，特别是发展中国家的建设成就，是世界各地媒体的责任。前国家主席胡锦涛曾提出：世界各地的媒体……要切实承担社会责任，促进新闻信息真实、准确、全面、客观传播。当今社会，媒体对国际政治、经济、社会、文化等各领域的辐射日益加强，对人们思想、工作、生活等各方面的影响日益深入。正因为如此，对各类媒体来说，树立和秉持高度的社会责任感比以往任何时候都更为重要。各类媒体要被公众广泛接受、受社会广泛尊重，不断提高公信力和影响力，就应该遵守新闻从业基本准则，客观报道世界多极化、经济全球化、文明多样性的现实，充分反映世界各国发展的主流和趋势，热情鼓励发展中国家发展进步。❶

（三）报道不同声音，提供公共言论平台

传统新闻的公信力来自基本的职业规范：真实、客观、平衡、不偏不倚。数字化时代，公民拥有个人媒体，自治化愿望更为强烈，民主意识迅速提高，各种新闻终端为公民提供了开放的公共平台，专业的新闻机构必须顺应舆论需要，为公民提供准确、可信和真实的新闻，客观报道国内国际事件、深度报道和民生新闻，及时、客观地引导正面舆论，聚集国家全民的力量，鼓舞全民的干劲。基于此，公共平台就必须成为各种意见平等交流的场所，实现弥尔顿所主张的"观点的自由市场"和"理性的自我修正"。显然，公共媒体担负更多的舆论引导和社会责任，公民自身的媒介素养和责任

---

❶ 胡锦涛.在世界媒体峰会开幕式上的致辞［N］.人民日报，2009–10–10（1）.

意识尤为关键。

（四）提升公共服务意识，创新新闻传播渠道

新媒体崛起以后，传统新闻出版业的服务方式受到了颠覆性挑战，互动传播和用户参与新闻生产在消解其专业化程度，公民个人化的新闻生产几乎抛弃了专业化的基本标准，公民化与专业化的转型出现了"断裂"。有学者指出：传统媒体纷纷倒闭或裁员，公共事务和地方新闻乏人问津，传媒格局发生了重大变化，而新的传媒格局尚未完全建立，新媒体尽管发展迅速，但尚未完全独自承担起历史赋予的重任，特别是在事关地方公共利益的问题上，出现了传媒真空地带。无论中外，往往在重大抉择的关头，新闻传播业就会重返服务公共利益这一核心理念。新闻出版业的历史表明，虽然不同国家的媒介制度迥异，但传媒一直都具有公共资源的性质，始终以维护公共利益为其根本目标。在各种公共传播平台上，任何新闻报道都要为这一目标服务，这也是国家发展的现实需要。

二、国家层面的目标定位

要实现上述目标，国家不但需要从战略高度上予以重视，还需要配套的政策予以支持，保证新闻为公共利益服务，为国家经济社会发展服务。为此，必须制定短期目标和长期目标。

（一）新闻传播业的短期目标，主要是支持新闻专业机构和维护记者权利

1. 新闻出版业面临的危机不断加深，国家需要从战略高度上给予重点支持。数字化时代，传统媒体依赖广告收益的模式受到重创，政府需要制定新的政策予以有效支持，促使报业、电视业、广播业、网络新闻出版业等健康发展，保障职业记者的生活来源和新闻报道的资金来源。当然，政府的支持可以是财政投入，可以是税收减免，也可以是在政策上鼓励社会资本投入；支持的对象既要包括传统媒体，也要包括各种新媒体，让它们都有平等的机会参与到国家的发展和民主建设之中。

2. 国家为此需要适当调整新闻出版业的产业结构，对时政类的、公益性的和微利的新闻机构，分别采用不同的支持标准。同时，鼓励合法的社会

团体或公民组织全部或部分接管这些媒体，赋予它们应有的法人地位。我国可以利用新闻出版改制的契机，把非时政类报刊的经营权移交给社会团体或公民组织，要求其按照我国媒介制度"社会效益第一"的经营原则运行，并辅以相应的法律规范和责任追究，保证所有媒体履行服务公共利益的社会责任。

3. 短期目标还包括政府需要制定媒介素养培育计划，自行承担或授权承担对现有专业记者权利的继续教育和对准记者的教育培养，以及利用各种教育培训机构培养公民记者，使所有公民都具有一定的或较高的媒介素养，依法享有新闻自由和承担社会责任。国外和我国的部分高校已经与基金会或传媒集团合作，双方在资源优势和人才优势上互动共赢，在尝试和普及媒介素养培育计划上取得了良好的社会效益和经济效益。

（二）新闻传播业的长期目标，主要是为各类媒体和国家媒介制度提供安全的保护网络

1. 建立一种国家级的技术创新基金，适应传统媒体和新媒体转型发展的需要。从世界范围来看，不同国家的媒介制度都把服务于公共利益作为终极目标，但具体的服务策略与重点并不相同，因而其技术渠道开发与选择也各不相同。就传播技术而言，越是新的媒体，越具有开放性，在实现新闻自由的同时，增加了政府监管的难度。但是，越是开放的媒体，越能适应社会开放和民主的需要。因此，国家层面的开放性意味着更大的包容性，也必然要求对新技术的宽容性，鼓励和推广新媒体的发展与应用是国家发展层面的必然要求，故积极而非排斥才能因势利导，引导并聚合媒体合力才能更好地服务于国家发展。

2. 建立一种国际性的公共媒介平台，为新闻采集和服务地方社区提供重点支持。全球化时代，媒体的国际化已是现实，任何国家的新闻都可能是国际新闻。虽然媒体在报道初衷上都自觉地服务于所属国家，但在客观上服务于全人类。因此，提倡国家建立国际性公共媒介，为全球范围内新闻采集和服务特定的社区提供支持，客观地报道本国和别国的发展成就，倡导和平与发展的人类理念。与此同时，以国际传播为主要任务的媒体，它们不仅是国际性的媒体，更是国家性的媒体。或者说，它们既是全球传播体系的成

员，又是服务于国家发展的主力。

三、国家层面的价值导向

新闻出版业的国家布局呼之欲出，但实施的过程显然不可能一蹴而就，政府需要着力推行制度建设、优化公共资源和鼓励技术创新。数字时代，新闻出版业的暴利模式几近崩溃，甚至连盈利都成了问题，自身的健康发展令人担忧，实现为国家发展服务的目标显然是一句空话。因此，基于国家层面的考虑，需要重新认识新闻出版业与公共利益的内在关联，打破原有的逻辑框架，把它提升到与国家发展的新高度加以认识，就会增强新闻强国的现实紧迫感和职业使命感。就全球范围来看，目前新闻出版业遭遇的危机不仅是一个经济问题，更是一个制度的基本导向问题。因此，我们在着力创新新闻出版业经济模式的同时，必须有效推动政府管理部门发挥积极作用，为新闻出版业的短期目标和长远目标制订科学的战略规划。

第四节 提升新闻传播的国际话语权

十几年前，中国网络电视台（CNTV）正式开播，这是我国新兴媒体发展的一个重要里程碑，也是提高我国国际传播能力建设的关键步骤，目标是通过建设国际领先的音视频门户网站，着力提升我国国际传播的国家话语权。此前，新华社视频专线（XINHUA Video）先行开通，努力通过扩大报道影响力和增强舆论引导力，进一步提高国家级通讯社的国际传播能力。2018年3月，组建中央广播电视总台，撤销中央电视台（中国国际电视台）、中央人民广播电台、中国国际广播电台建制，对内保留原呼号，对外统一呼号为"中国之声"，主要职责就是宣传党的理论和路线方针政策，统筹组织重大宣传报道，组织广播、电视创作生产，制作和播出广播、电视精品，引导社会热点，加强和改进舆论监督，推动多媒体融合发展，加强国际传播能力建设，讲好中国故事等。

我国互联网国际出口带宽继续高速扩容，截至2017年12月底，中国国际出口带宽为7 320 180Mbps，年增长率平均达到10.2%，主要国际网络出口带宽数迅速增长，排名前三位的是中国电信、中国联通、中国移动。国内与国际宽带用户数迅猛增长为网络视频的壮大打下了坚实的用户和渠道基础。近期，互联网上的内容也明显随之做出了相应的变化和调整，原来以传播数据流量较小的文字和图片为主的内容正逐渐转向以数据流量较大的视频内容为主。这一悄然的变化引起了学者对视频图像传播的积极关注，也为新媒体在国际传播中发挥重要作用提供了积极对策。

图3-1　中国国际出口带宽及其增长率（截至2017年12月）

表3-1　中国互联网国际出口带宽（截至2017年12月）

网络机构	国际出口带宽数（Mbps）
中国电信	3 625 830
中国联通	2 081 662
中国移动	1 498 000
中国教育和科研计算机网	61 440
中国科技网	53 248
合计	7 320 180

一、西方视频国际传播的利弊

视频图像作为话语权的重要性日益突出，无论对国内传播还是国际传播而言，视频话语权必然成为新媒体时代传播的利器。在新媒体传播环境中，视频话语权的争夺成为国际传播的利器，政府议程、媒体议程和大众议程等传播议程结构亦发生了重大变化。

1. 西方视频传播的经验。在西方视频传播模式中，以YouTube为代表的视频媒体所创造的分享模式是值得借鉴的。这一网站允许用户上传视频并相互分享，还允许用户实现视频链接上传、视频搜索和发表评论以及支持参与虚拟小组的集体创作等。此外，网站还支持与个人博客的共享，即博客作者可以直接把网站视频内容转发到个人博客上，实现从公共空间到私人空间的信息转移。分享模式把分散的网民力量聚合成强大的传播合力，一个小小的视频传播媒介也会成为超越任何一个传统媒介的"巨无霸"，每一个话题都可能引发一场"全民"行动，发挥着强大的社会动员能力。分享网站不但允许用户之间分享信息，还与传统媒体实现全面的合作与分享，使网络媒介的传播力与传统媒介的传播力形成"聚合反应"，如果把国家网络视频的总流量累加起来，其社会运动的影响力和国际运动的影响力将不可估量。

2. 视频国际传播的教训。随着YouTube神话般地发展壮大，不但大量视频涉嫌版权违法受到非议，甚至危害它国国家安全的视频也越来越多，不断在世界各国惹出麻烦和纠纷。我国现代国际关系专家唐岚指出，YouTube因播出不当视频受到多国的"临时审查"。2007年，因上传侮辱土耳其国父的视频，被土耳其政府封杀；同年4月，因播出侮辱泰国国王的视频，被泰国政府封杀4个月；2008年，因亵渎伊斯兰教在巴基斯坦被封杀。2009年，因播出伪造的"藏人被殴打"视频被我国临时"封锁"。西方网站放弃自己应当承担的义务与责任，甚至故意推行烙上意识形态偏见的自由，这应是国际公约与司法所不能容忍的，践踏国际公法和人类自由必然会为人不齿，任何信息的传播都包含着自由与责任。唐岚明确指出，通过依法暂时封锁不负责

任的网站，来达到加强信息管理的目的，这也是国际上通行的做法。❶

3. 传播责任的国家策略。正是意识到视频传播话语权可能产生的消极作用，国家广电总局及时公布了《关于加强互联网视听节目内容管理的通知》，要求对互联网视听节目实行严格审核把关，视听节目播放应具有合法版权或许可证，避免和减少因为版权在国内及国际造成负面影响。我国关于视频传播的一系列应对措施与决定，把新媒体传播的责任与自由推到了风口浪尖，加快区域性和国家级视频传播媒体的建设，实施网络的法制化管理已刻不容缓，这必然成为合理、合法使用话语权的基本条件。而在对少数国家的非法行为和故意挑衅进行谴责与处置的同时，国家政府主管部门还必须切实承担"反击"的责任，把视频信息当作化解危机事件的新式武器，把视频媒介看作是一种最有魅力和最有效的话语媒介。

二、"全民外交"的舆论动员力

国际传播是国际交往的一种形式，传统的精英外交已经很难适应新形势下国际交往的需要，"全民外交"受到各国政府的重视并成为国家外交中的重要力量。因此，国家要充分借助网络媒体全球覆盖的传播优势，最大可能地调动网民和公民的热情参与。

1. 国家层面的动员力。在网络媒体日益主流化的新媒体时代，"全民皆兵"式的平民参与为国际传播注入强大动力。因此，我国在推进国际传播建设的过程中，一方面要继续发挥传统媒体的积极作用，另一方面要大力推进新媒体建设，既要发挥文字、图片等传统传播样态的优势，也要利用视频图像等传播新元素，构建一个立体媒介和整合样态的传播体系，把我国的国际传播建设推向新的阶段和高度。

2. 人际传播的动员力。据资料表明，在美国的网络用户中，有57%的成人网民观看或下载过视频内容，19%的网民几乎每天观看或下载视频。首先，网络视频市场最强大的驱动力是用户与别人分享视频体验的强烈愿望。

---

❶ 人民网. 直击西方媒体不实报道，BBC 等称 YouTube 在中国被封［EB/OL］.（2019-03-26）［2019-11-28］. http://media.people.com.cn/GB/9028285.html.

57%的网民会把他们精心搜到的视频或链接地址发送给朋友，甚至也会把视频再次上传。其次，多数网络视频用户愿意与别人共同观看。网络视频用户非常乐意与别人或一群人围在一起观看。统计显示，57%的网络视频用户常常与朋友一起观看视频。最后，视频传播充分利用了家庭成员的集体影响力。网络视频具有分享的传播优势，所以与家人的分享成为视频传播基本的"传播单位"。调查显示，59%的视频用户在家里观看，24%的用户在上班期间观看，家庭用户占了视频用户最大的比例，家庭成员的视频分享成为提升传播力的关键因素。我国视频用户的地点选择与国际上基本是一致的，但在家庭观看的比例相对更高，达到65.1%，充分利用这一影响力成为提升我国国际传播影响力的关键。

3. 草根传播的动员力。视频分享网站的出现，大大促进了草根媒体的影响力，而草根媒体的出现与发展，打破了"传播者"与"受众"之间的界限，从根本上改变了受众群体在传播中的地位。草根媒体的创办、草根记者的活跃与草根新闻的多样性，使新闻传播进入了一个全新的阶段。有专家指出，视频分享网站的出现，使得网民很容易发布视频信息。随着宽带、数字摄影、数字录像以及具有摄录功能的手机的普及，大量的视频短片就可以很方便地被制作出来，再加上一个上网的电脑，通过简单操作就可以上传视频。同时，草根网民还可通过国家级和区域性的网络视频网站，参与到国家对外传播的力量之中，成为国家外交和国际传播的重要力量。

4. 符号传播的动员力。由于视频展示的图像是对现实的超清晰复制和直观展示效果，它通常被作为说服的重要策略。与文字相比，图像不需太复杂的编码程序，只需轻轻一按（快门，或按钮，或键盘等），机器自动编码，而不至于像文字编码一样复杂；对读者而言，也不需要太多繁杂的解码工序和指导，很容易就能收获到画面所表述的信息。据一项调查表明，视听文本的传播效果是音频文本的4~5倍，是文字文本的9倍。因此，未来的视频传播将会呈现复合式传播的特性。因此，政府部门要充分借助国际传播视频平台，利用网络传播分享模式的巨大优势，发动化解消极和有害信息传播的全民运动。

话语权的媒介建构，其实质也是人心建构。在国际传播中，谁拥有最广泛的人心，谁才拥有真正的话语权。基于此，我国在国际传播中，必须以国家利益和民族利益为根本原则，向世界各国和国际友人传播真实信息，不但要使人"听"得到、"听"得懂，更要使人愿意"听"、乐意"听"。

参考文献：

[1] 陈韬文，等. 传媒的公共性是传媒研究的核心议题[J]. 传播与社会学刊，2009（8）：3-5.

[2] 尼古拉斯·加汉姆. 解放·传媒·现代性：关于传媒社会理论的讨论[M]. 李岚，译. 北京：新华出版社，2005：74.

[3] 马杰伟，张潇潇. 媒体现代——传播学与社会学的对话[M]. 上海：复旦大学出版社，2011：164.

[4] 余明阳. 中国公共关系史[M]. 上海：上海交通大学出版社，2007：85.

[5] 吴晓波. 大败局Ⅰ[M]. 杭州：浙江人民出版社，2011：6.

[6] 吴晓波. 大败局Ⅰ[M]. 杭州：浙江人民出版社，2011：12.

[7] 张翼著，史玉柱. 出卖脑白金[M].//张翼. 资本CEO 22位中国顶尖财经人物访谈. 北京：企业管理出版社，2002：176-180.

[8] 麦克·马纳斯. 市场新闻业，公民自行小心？[M]. 张磊，译. 北京：新华出版社，2004：59.

[9] 热若尔·霍斯普. 媒体寻租的社会[M].//吴敬琏. 比较（第十二辑）. 北京：中信出版社，2004：100.

[10] 许鑫. 传媒公共性：概念解析与应用[J]. 国际新闻界，2011（5）：68.

[11] 徐人仲. 经济新闻学初探[M]. 北京：机械工业出版社，1993：110-111.

[12] 文森特·莫斯可. 传播政治经济学[M]. 胡正荣，等译. 北京：华夏出版社，2000：165.

[13] 胡百精. 中国现代公共关系三十年（上）[J]. 当代传播，2013（4）：5-6.

[14] 李良荣. 论中国新闻媒体的双轨制——再论中国新闻媒体的双重性[M].//张国涛. 传媒观察：危机与转机. 北京：中国传媒大学出版社，

2010: 69.

[15]汪凯.转型中国：媒体、民意与公共政策[M].//张甫涛.表达与引导.桂林：漓江出版社，2012: 109.

[16]查尔斯·埃德温·贝克.世纪前沿：媒体、市场与民主[M].冯建三，译.上海：上海人民出版社，2008: 57.

[17]尼古拉斯·加纳姆.媒介和公共领域[M].//奥利弗·博伊德·巴雷特，克里斯·纽博尔.媒介研究的进路.汪凯，刘晓红，译.北京：新华出版社，2004: 303-304.

第二编　新媒体与舆论治理

第四章　舆论的定义与辨析

舆论观念有久远的历史。在中国，"舆"字的本义为车厢或轿，又可以解释为众、众人或众人的，如《左传·僖公二十八年》中的"听舆人之诵"和《晋书·王沈传》中的"自古圣贤，乐闻诽谤之言，听舆人之论"，"舆人"均指众人。"舆论"作为一个词组，最早见于《三国志·魏·王朗传》："没其傲狠，殊无入志，惧彼舆论之未畅者，并怀伊邑。"其后见于《梁书·武帝纪》："行能臧否，或素定怀抱，或得之舆论。"其中"舆论"即公众的言论或公众的意见。

在欧洲，早在古代社会就有类似舆论的记载，正式使用public opinion这个词却晚得多。18世纪的伏尔泰称"舆论"是世界之王。卢梭在《社会契约论》一书中使用了舆论这个概念。在现代国家或国际生活中，舆论成为一个常用词。

舆论的定义非常多样化，人们都意识到舆论的重要性，但是对于什么是舆论从来没有达成一致的意见，就和其他社会科学一样，舆论学对舆论的定义决定了舆论学的发展。一种定义是：舆论是指在一定社会范围内，消除个人意见差异，反映社会知觉和集合意识的、多数人的共同意见。而也有的学者认为：舆论是在特定的时间和空间里，公众对特定的社会公共事务，公开表达的、基本一致的意见或态度。在舆论的定义中，最关键要讨论的是，舆论的本体是"意见"还是"态度"。为了避免在定义上争论不休，学者开始转向舆论应该包含的若干要素，其中"议题""公众"和"共同意见"是学者们提出的众多要素的交集。由于学者们从各自的学科领域出发，各自的侧重点不同，舆论的普遍特性还没有揭示出来，故其定义都具有狭隘性。

无论如何定义舆论，"意见"始终是舆论研究的核心，即舆论的本体，舆论传播所着眼的也是意见的流动问题。意见通常是通过与态度、信念和价值，尤其是和态度相比较来界定自身的，社会心理学家们把意见定义为：对某种态度、信念或者价值的言语表现。通常，学者们从两个方面区别态度和意见之间的差别：意见一般来说被认为是对于某个具体刺激（某个问题）所做的语言上的或者其他的明显反应，而态度是更基本的总体倾向，它对于一般性的刺激做出有利或者不利的反应。意见主要取决于当时的形势，而态度对于一个人在多种形势下能更持久地发挥作用。而且，意见被认为具有更多的理性，并在其构成中多少缺乏情感。态度是一种直接的、直观的定向，而意见是在一个社会母体里在各种选择性方案之间经过慎重考虑后产生的理性抉择。

第一节 学界对于舆论的基本观点

西方国家把public opinion作为词组使用，是从18世纪的时候才开始的。1922年，李普曼出版专著*Public Opinion*，这一短语的翻译问题旋即备受关注。国内学术界对这一短语的翻译各不相同，大致是基于其主体、客体和本体这样三个角度的考虑。最具说服力的当属学者姜红的观点："'舆论'是什么？在李普曼之前和之后，有无数人试图回答这个问题。在我们的教科书和舆论学书籍中，舆论的定义各不相同。……尽管舆论的定义难以统一，关于舆论的特点表述却是大致相同的。一般认为，舆论的主体是公众，公众是由社会中占大多数的具有独立自我意识的人组成的；舆论的客体是与公共利益有关的公共事务；舆论的本体是意见，即公众对公共事务的评价性意见。"[1] 正是因为对"舆论"不同角度的理解，学术界对public opinion的翻译也主要呈现为三种主流意见：一种是"舆论说"，一种是"民意说"，一种是"公共/公众意见说"。

1. 舆论说。其把舆论作为一个核心概念来论证，比较早的一个代表作是沃尔特·李普曼（W.Lipppmann）1922年出版的*Public Opinion*。在我国，这本书有两个翻译的版本：一个是（20世纪）80年代林珊翻译的（华夏出版社1989年版）《舆论学》，其译文看来有些偏差；另一个比较近的是上海人民出版社2002年的中译本《公众舆论》（阎克文、江红译——笔者注）。其实，这本书翻译为《舆论》即可，"舆"即公众，"论"即意见，"舆论"即公众的意见。"舆论意见"就是"公众的意见的意见"，同意反复。[2] 学者曾庆香持有相同的观点：把舆论定义为"公众意见""公共意见"，就犯了逻辑学中的"同语反复"的错误。……我国某些舆论定义往往把西方人的舆论概念作为定义中的"定义概念"和"联系概念"，实际上是用同一概念的不同说法来解释概念自身。[3]

2. 民意说。李普曼的书以*Public Opinion*为名，林珊和阎克文、江红对书名的翻译有所不同，前者译为"舆论学"，而后者译为"公众舆论"。我国台湾、香港、澳门三地区的新闻传播学专著一般译为"民意"，并且对所有西方文献中的public opinion一词以"民意"对译。……但根据该书的主旨，书中出现的大部分的public opinion一词如直译为"舆论"，则意思不一定明达。据笔者统计，该书正文中（不包括引文和注释）public opinion一词出现了77次，分三种情况，单数形式的public opinion 41次，复数形式的public opinions 24次，大写形式的Public Opinion 12次。笔者以为，大多数情况译为"民意"为佳。[4]

3. 公共/公众意见说。舆论，在英语中为public opinion。千万不能忽视了public（我更主张译成"公众或公共意见"，而不是现有的"舆论"），这与《老子》中的"虽有车舆，无所乘之"的"舆"，可是风马牛不相及（我们的不少学者却常常把二者混用）。public最初是指"民有"，即民众可以接近，后来逐渐含有"民享""民治"之义。按照美国社会学家米尔斯的说法，18世纪"公共意见"中的"公共"（the public of public opinion）这个概念，是伴随着自由经济市场的经济概念而来，犹如这个市场由自由竞争的企业所构成，公共的讨论则是以身份、地位等类似的群体来划分圈子。……正是这公共讨论的基础以及由此产生的公众意见，一直被公认为是西方民主宪政和理论的基石。[5]

显然，以上三种代表性的翻译意见，分别是基于不同角度理解的结果。陈力丹教授的翻译是基于综合考虑，既然舆论本身就包含了主体、客体和本体三个内容，因此把public opinion翻译为"舆论"最全面，不主张在"舆论"前面再加上"公众"等重复概念，也不主张加上"社会"等修饰语。刘金顺教授则结合主体和本体这样两个角度，翻译为"民众的意见"即"民意"，赋予这个短语以更多的政治意义。黄旦教授的翻译则是基于舆论的主体与本体或客体和本体的考虑，翻译为"公众意见"或"公共意见"，把这一短语的含义与"宪政"认识联系起来。

第二节　文献对于舆论的使用与分析

1. 国内学术著作对public opinion的使用。李普曼一书中文译本出现以后，关于"舆论学"的研究在我国形成热潮。截至2019年5月3日，国内出版的此类专著不下20种，一批专业性学术论文也如雨后春笋。在已经出版的中文著作中，直接在封面/封底标明public opinion这一英文短语的著作就有近10本，采用最多的是"舆论学"，其次是"舆论"，最少的是"民意"，分别统计和标注如下。

表4-1　国内关于舆论学的专著书名和英文书名（截至2019年5月3日）

序号	作者	专著书名	英文书名
①	陈力丹	《舆论学：舆论导向研究》	*Public Opinion*...
②	喻国明	《舆论学：原理、方法和应用》	*Public Opinion*...
③	吕文凯	《舆论学简明教程》	*Public Opinion：A Concise Course*
④	刘建明	《舆论学概论》	*Public Opinion Studies*...
⑤	许　静	《舆论学概论》	*Introduction of Public Opinion*
⑥	喻国明	《解构民意：一个舆论学者的实证研究》	*Public Opinion Analysis*...

续表

序号	作者	专著书名	英文书名
⑦	胡　珏	《新闻与舆论》	*News and Public Opinion*
⑧	刘建明	《社会舆论原理》	*Principle of Public Opinion*
⑨	林语堂	《中国新闻舆论史》	*A History of the Press and Public Opinion in China*

从统计表可以看出，绝大多数的著作使用了"舆论学"这样的译法，这与本章第一节中国国内主流翻译意见存在差异，也就是说，虽然多数学者主张翻译为"舆论"，但在专著中使用了"舆论学"，这可能更多的是从学术角度进行的考虑。比较而言，在著作中使用"舆论"的并不多，常见的有林语堂等人的三部著作。而喻国明教授在他的专著《解构民意：一个舆论学者的实证研究》（华夏出版社2001年版）中使用了"民意"一词，其英文书名使用了*Public Opinion Analysis*，这在国内的专业著作中也算另类了。但在查阅到的学术著作中，还没有一本直接把"公共舆论/公众舆论"作为书名使用的。相反，在著作中没有标注英文的却有使用"公共舆论"的，如程世寿的《公共舆论学》（华中科技大学出版社2003年版）和刘伯高的《政府公共舆论管理》（中国传媒大学出版社2008年版）。

还要补充说明的是，陈力丹虽然主张把public opinion直接翻译为"舆论"，但作者在自己的著作《舆论：感觉周围的精神世界》（上海交通大学出版社2003年版）封面上就有这么一句话：世界历史——我们不再怀疑——就在于公众舆论。这里，作者直接使用了"公众舆论"（作者引用《马克思恩格斯全集》的翻译时没有做改动——笔者注）这个词。另外，作者在"关于舆论导向的网上对话"中还使用了"公共舆论"（作者认为这是顺应社会的说法，不是正规的论述——笔者注）的译法。从上述简要分析可以看出，无论是经典著作的一贯表述，还是社会上认可的习惯说法，"公共/公众舆论"这个说法的使用还是司空见惯的，本章的第三节还将就此做具体深入的讨论。但陈力丹教授同时也认为，舆论学作为书名，不等于就是英文舆论的对译，考虑的是国内面上的一种说法。

2. 国内学术著作对public opinion的引用。通过对此类著作的查阅发现，绝大多数都直接使用了林珊的译本（华夏出版社1989年版），引用的书名为《舆论学》，这与上文统计的国内学术著作的书名明显一致。而有些学术专著使用《舆论》，有些学术专著使用《公共舆论》，这都是引用《舆论学》不认真造成的差误。也许正是基于词汇的多义性和复杂性，本章参考文献第12条的作者承认了各种译法的合理性，采取的是一种"模糊战略"。笔者把国内学术著作引用public opinion的几种代表性表述摘录如下，以作实证。

（1）在欧洲，古代就有类似记载，正式使用public opinion这个词却很晚。直到18世纪，伏尔泰、卢梭的著作中才正式出现"舆论"的概念，词义与汉语大致相同，指公众的意见。舆论被当作一门独立的学问来看待，则是美国著名报刊专栏作家李普曼出版的《舆论学》。[6]

（2）他（李普曼）所写的29部著作中，《舆论学》最广为人知。李普曼谈论的是我们今天称之为议程设置的东西……他认为在舆论形成过程中"刻板模式"是一个关键的因素。[7]

（3）1922年，美国政论家、专栏作家李普曼（Walter Lippmann，1889—1974）写了《舆论学》一书，标志着舆论学从此迈入专门研究视野。[8]

（4）美国社会心理学家奥尔波特认为："公共意见，只是许多人意见的一种集合。"……李普曼在《舆论学》一书中写道……[9]

（5）1922年被称作"美国未来总统先生"的专栏作家李普曼出版了《舆论》一书，标志着舆论学在西方已经成为一门独立的社会科学。该书显露出清晰的学术著作端风，成为世界舆论学研究中一本奠基性的著作。[10]

（6）作为著名的记者和学者，李普曼几乎参与和观察了所有上述的重大事件，他对客观理性的思考因此也具有特别的代表性。早在20世纪20年代，他的《公共舆论》一书即引起巨大反响……[10]

（7）public opinion的中文译法有多种。除了译作舆论，有的译为公众意见、公共意见或公意，有的译为民众意见、群众意见或民意，怎样译法，其实无关宏旨。问题在于，public和opinion两个词本身都是多义的。[11]

3. 国内学术论文对public opinion的引用。笔者2009年5月3日在中国知网的"中国期刊全文数据库"学术搜索中首先输入"参考文献"和"李普曼+舆论学",显示的论文为75篇;接着输入"参考文献"和"李普曼+公众舆论",显示的论文为50篇;最后输入"参考文献"和"李普曼+公共舆论",显示的论文为12篇。在搜索显示的全部137篇论文中,参考文献中使用"李普曼+公共舆论"的比例接近9%,使用"李普曼+公众舆论"的比例超过36%,使用"李普曼+舆论学"的比例超过54%。

从搜索的结果可以看出,在参考文献中使用了"公众舆论"和"舆论学"的论文为125篇,这些论文的引用属于"正确"引用,因为目前国内的译本除了林珊的《舆论学》之外,还有上海人民出版社的译本《公众舆论》,最新的译本是2006年的《公众舆论》(上海世纪出版集团2006年4月第1版)。截至目前,李普曼的 *Public Opinion* 在国内也只有这三个版本,那么,怎么在参考文献中会出现"公共舆论"这样的引用呢?笔者把这些论文一一找出来,列表如下。

表4-2　参考文献中出现"公共舆论"的论文统计(截至2009年5月3日)

序号	论文名	作者
①	《媒体天职与媒体失范》	牛光夏
②	《得媒体者得天下——2008年美国总统大选奥巴马胜出的政治传播分析》	张涛甫
③	《政策议题建构中的新闻报道作用分析》	陈堂发
④	《媒体履行舆论监督权时的社会责任承担——以〈七小时失踪之谜〉为例》	陈　勇
⑤	《试析对台军事节目策划不能忽视的五个着力点》	贺　莹
⑥	《网络流言与危机传播控制模式》	田大宪
⑦	《大众传媒如何应对公共安全危机》	谭　芳
⑧	《西方媒体"病毒"伤害新闻报道的客观性原则——析媒体对我国非典疫情的报道》	李惊雷
⑨	《公共安全危机中谣言传播现象透析》	熊永新

续表

序号	论文名	作者
⑩	《立体化提升舆论引导——从四川"蛆橘"看流言的传播与控制》	唐梦圆
⑪	《试论品牌符号化建设中的名人符号选择策略》	左友好
⑫	《20世纪90年代以来乡村政治书写的当代性——以阎连科为例》	陈国和

上述12篇论文，除了牛光夏发表在《青年记者》上的论文没有注明引用著作出版时间外，其他文章在"参考文献"中注明的引用著作出版时间均为上海人民出版社2002年的版本，其中有2篇论文引用了上海世纪出版集团2006年的版本，即张涛甫发表在《新闻记者》上的《得媒体者得天下——2008年美国总统大选奥巴马胜出的政治传播分析》和左友好发表在《东南传播》上的《试论品牌符号化建设中的名人符号选择策略》。其实，以上两个版本的中文均为"公众舆论"，而非"公共舆论"。但是，关于"公共舆论"赫然出现在引用文献中，是否可以做出这样的解释：学术界更倾向于将public opinion理解为"公共舆论"？具体的原因笔者将在下文做进一步论述。

第三节　关于舆论的基本观点与建议

1. 从内含的角度。公共领域、公共空间、公共新闻和公共电视等词汇炙手可热，这些词语对应的英文分别表示为public sphere，public space，public journalism和public television，都极为强调公共利益和公共生活，这已经成为媒体民主时代核心价值的重要内容。所以，传播学意义上的"舆论"一词也需要从服务公共价值观出发，在"舆论"之前加上"公共"两个字，不仅反映了词语构成的变化，也反映了民主社会对舆论重要性的认识。这与传媒的使命是密切相关的，在哈贝马斯的论述中不难找到答案：大众传媒影响了公共领域的结构，同时又统领了公共领域。[11]因此，近年来崛起的公共电视和公共新闻，都把自己的价值目标诉诸公共领域，从而带来新闻传播活动的改革运动，也必将引领着传媒渗透到更加广泛的公共空间。

2. 从语法的角度。词汇构成的改变，引导观念的改变，从而导致价值观的改变。按照陈力丹教授的说法："公众舆论"或"社会舆论"，其实是同语反复。在舆论前面不用加"公众"或"社会"两个字，因为英文public opinion翻译过来就是舆论。而"舆论"的"舆"本身就是"公众"，"论"就是"意见"，再加个"公众"就是"公众的公众的意见"，这就重复了。[2]这是从语法角度给出的解释，合情合理。笔者认为，为了避免语法"错误"，这里可以把opinion翻译为"舆论"（但陈力丹教授坚持认为不能翻译为"舆论"，"舆论"是偏正结构名词，opinion只是"意见""观点"，完全没有"舆"的含义），把public翻译为"公共"，这样就可以翻译为"公共舆论"，避免了"公众舆论"的语法重复，笔者以为这是可行的，这个译法可以理解为"关系公共利益的公众意见"。

3. 从学术的角度。高海波早在近10年前就意识到，我国当前的舆论学研究应当实现由"基础舆论学"向"公共舆论学"的转向。他认为："公众舆论与公共舆论是近年来最受关注的提法，这一变化不单单为我们提供了新词语，而且预示着一种根本性的转变。在很大程度上，它们或者被用于描述当代舆论的主要特征，或者被用来作为当代舆论的发展趋势。……可以说，公众舆论、公共舆论概念标志着我国舆论学研究的学术转向。"[12]因此，在对public opinion的翻译存在混乱的情况下，利用舆论学走向深化的历史机遇，建议统一使用"公共舆论"这个表述。

当然，把public opinion表述为"公共舆论"会被认为意见主体出现了游移，因此陈力丹教授认为这个意见不成立，意见的主体是个人，不可能是公共的，而只能是公众的；可以有公共空间，但不能有公共的意见，意见天然是多元的，一定程度上是利己的。陈力丹特别引用恩格斯的话说："在我们能够为某一件事做些什么以前，我们必须首先把它变成我们自己的事，利己的事，——因此，从这个意义上说，抛开一些可能的物质上的愿望不管，我们也是从利己主义成为共产主义者的，想从利己主义成为人，而不仅仅是个人。"[13] 虽然这句话是恩格斯针对青年黑格尔派重要成员史蒂纳的"利己主义原则"提出的批判，是哲学领域的一场思想之争，但那种辩证看待问题甚至大胆从对立观点中吸收有用因子的胆识，可以在方法论上给任何学术争鸣提供思想之源。正如恩格斯对史蒂纳所著的《唯一者及其所有物》所指出的那样："我们不应当把它丢在一旁，而是要把它当作现存的荒谬事物的最充分的表现而加以利用，在我们把它翻转过来之后，在它上面继续进行建设。"[13] 笔者愿以此语作为本节的结语，期待大家对笔者的一家之言提出批评。如果能为舆论学"继续进行建设"出一份力，那便是一种最大的奢求了。

第四节　新时代新闻舆论的最新成果

在人类发展的历史进程中，舆论是影响社会发展进步的重要力量。我们党从成立、壮大到执政，始终高度重视新闻舆论工作。历史证明，做好党的新闻舆论工作，是我们党的优良传统，也是党领导全国各族人民进行革命、建设和改革开放事业取得胜利的重要法宝。如今，在实现中华民族伟大复兴的中国梦的征程中，必须进一步做好党的新闻舆论工作。诚如习近平总书记所指出的，党的新闻舆论工作是党的一项重要工作，是治国理政、定国安邦的大事，要适应国内外形势发展，从党的工作全局出发把握定位，坚持党的领导，坚持正确政治方向，坚持以人民为中心的工作导向，尊重新闻传播规律，创新方法手段，切实提高党的新闻舆论传播力、引导力、影响力、公信力。……事关旗帜和道路，事关贯彻落实党的理论和路线方针政策，事关顺利推进党和国家各项事业，事关全党全国各族人民凝聚力和向心力，事关党和国家前途命运。必须从党的工作全局出发把握党的新闻舆论工作，做到思

想上高度重视、工作上精准有力。❶

新的形势下，党的新闻舆论工作只能加强，不能削弱。党的十八大以来，以习近平同志为总书记的党中央高度重视新闻舆论工作，在不同的场合都强调了新闻舆论工作的重要性。从2013年出席全国宣传思想工作会议发表重要讲话，到2015年年底视察解放军报社做出重要指示，以及2016年年初到人民日报社、新华社、中央电视台进行考察调研并召开新闻舆论工作座谈会，习近平总书记多次对新闻舆论工作做出重要部署，为党的新闻舆论工作提出了明确的要求，指明了正确的方向。

1. 尊重新闻传播的规律。规律是事物之间的内在的必然联系，决定着事物必然向着某种趋势发展。规律是客观存在的，是不以人的意志为转移的。同时，人们能够通过实践去认识规律，利用规律。新闻传播活动和新闻舆论工作都有其自身的发展规律，尊重新闻传播的规律，就是要坚持实事求是的原则，坚持"真实性是新闻的生命"，客观、真实、公正地报道事实。新闻报道如此，舆论监督也是如此，做批评性报道也要"事实准确、分析客观"。新闻传播活动的本源是物质的，是事实，得坚持事实第一性，新闻第二性。同时，新闻传播者的意识活动及其新闻作品，使物质状态的客体变成了精神状态的观念成果，所以马克思曾这样论述："正是由于报刊把物质斗争变成思想斗争，把血肉斗争变成精神斗争，把需要、欲望和经验的斗争变成理论、理智和形式的斗争，所以，报刊才成为文化和人民的精神教育的极其强大的杠杆。"❷因此，尊重新闻传播的规律，坚持真实报道，是马克思主义新闻观对新闻传播实践提出的基本要求，唯有如此才能使新闻舆论工作焕发出战斗力。

2. 坚守马克思主义新闻观。马克思主义是最具革命性和科学性，最具有影响力和生命力的理论体系。而马克思主义的新闻观是无产阶级及其政党新闻传播活动和经验的理论总结，是马克思主义经典作家关于新闻传播的观

---

❶ 新华社. 习近平：坚持正确方向创新方法手段 提高新闻舆论传播力引导力［EB/OL］.（2016-02-19）［2019-06-28］. http://www.xinhuanet.com//politics/2016-02/19/c_11/8/02868.htm.

❷ 陈力丹. 马克思主义新闻观名词［J］. 编辑之友，2017（5）：80.

念与学说的思想体系。新闻观是新闻舆论工作的灵魂，坚守马克思主义的新闻观首先要坚持党性原则。习近平总书记强调：党的新闻舆论工作坚持党性原则，最根本的是坚持党对新闻舆论工作的领导。党和政府主办的媒体是党和政府的宣传阵地，必须姓党。党的新闻舆论媒体的所有工作，都要体现党的意志、反映党的主张，维护党中央权威、维护党的团结，做到爱党、护党、为党；都要增强看齐意识，在思想上政治上行动上同党中央保持高度一致；都要坚持党性和人民性相统一，把党的理论和路线方针政策变成人民群众的自觉行动，及时把人民群众创造的经验和面临的实际情况反映出来，丰富人民精神世界，增强人民精神力量。❶党的新闻舆论工作的党性原则是对马克思主义新闻观的继承与发展，无产阶级新闻事业不仅具有鲜明的党性，而且公开宣布自己的党性，声明在新闻传播中体现无产阶级政党的思想意志、政治要求和组织原则，坚持党对新闻事业的绝对领导，是无产阶级新闻工作的基本原则，是社会主义新闻事业的生命线，是党的新闻舆论工作的工作方针。

3. 坚持正确的舆论导向。马克思把舆论看作一种普遍的、隐蔽的和强制的力量。在复杂的社会系统中，舆论反映人心向背，导向决定事业的成败。正确的舆论导向包括正确的政治导向、正确的经济导向和正确的价值导向。在新的时代条件下，习近平总书记提出党的新闻舆论工作的职责和使命的48字方针是高举旗帜、引领导向，围绕中心、服务大局，团结人民、鼓舞士气，成风化人、凝心聚力，澄清谬误、明辨是非，联接中外、沟通世界。❷其指导思想就是要坚持正确的舆论导向。党的新闻舆论工作者要承担起这个职责和使命，必须把政治方向摆在第一位，牢牢坚持党性原则，牢牢坚持马克思主义新闻观，牢牢坚持正确的舆论导向，牢牢坚持正面宣传为主。新闻舆论工作各个方面、各个环节都要坚持正确的舆论导向。各级党报党刊、电台电视台要讲导向，都市类报刊、新媒体也要讲导向；新闻报道要讲导向，副刊、专题节目、广告宣传也要讲导向；时政新闻要讲导向，娱乐类、

---

❶ 习近平. 习近平谈治国理政（第二卷）［M］. 北京：外文出版社，2017：332.
❷ 同注❶.

社会类新闻也要讲导向；国内新闻报道要讲导向，国际新闻报道也要讲导向。团结稳定鼓劲、正面宣传为主，是党的新闻舆论工作必须遵循的基本方针。因为，舆论导向正确是党和人民之福，舆论导向错误是党和人民之祸。

我们正在进行具有许多新的历史特点的伟大斗争，面临的挑战和困难前所未有，必须坚持巩固壮大主流思想舆论，弘扬主旋律，传播正能量，激发全社会团结奋进的强大力量。关键是要提高质量和水平，把握好时、度、效，增强吸引力和感染力，让群众爱听爱看、产生共鸣，充分发挥正面宣传鼓舞人、激励人的作用。习近平总书记还对党的新闻舆论工作者提出了明确要求。

第一，要求新闻舆论工作者做党的政策主张的传播者、时代风云的记录者、社会进步的推动者、公平正义的守望者。第二，要求新闻舆论工作者转作风改文风，俯下身、沉下心，察实情、说实话、动真情，努力推出有思想、有温度、有品质的作品。第三，要求新闻舆论工作者增强政治家办报意识，在围绕中心、服务大局中找准坐标定位，牢记社会责任，不断解决好"为了谁、依靠谁、我是谁"这个根本问题。面对复杂的国内国际舆论工作形势，习近平总书记还强调指出，对内必须坚持巩固壮大主流思想舆论，弘扬主旋律，传播正能量，激发全社会团结奋进的强大力量。对外要加强国际传播能力建设，精心构建对外话语体系，发挥好新兴媒体作用，增强对外话语的创造力、感召力、公信力，讲好中国故事，传播好中国声音，阐释好中国特色。这是实现中华民族伟大复兴的中国梦的迫切需要。❶

作为新闻传播理论研究者和新闻教育工作者，必须把理论的研究重心与方向统一到习近平总书记的新闻舆论观上来，用马克思主义的立场、观点与方法武装自己的头脑和学生的头脑，在研究与教学的生动实践中激发创造力，为实现中华民族伟大复兴的中国梦做出自己的贡献。

而媒体竞争关键是人才竞争，媒体优势核心是人才优势。因此，要加快培养造就一支政治坚定、业务精湛、作风优良、党和人民放心的新闻舆论工作队伍。

---

❶ 柴逸扉.习近平的新闻舆论观［N］.人民日报，2016-2-25（5）.

第五节　突发新闻事件中的舆论治理

习近平总书记提出，要解决好"本领恐慌"问题，真正成为运用现代传媒新手段、新方法的行家里手。要深入开展网上舆论斗争，严密防范和抑制网上攻击渗透行为，组织力量对错误思想观点进行批驳。要依法加强网络社会管理，加强网络新技术、新应用的管理，确保互联网可管、可控，使我们的网络空间清朗起来。做这项工作不容易，但再难也要做。要强化政治意识、政权意识、阵地意识，勇于举旗帜、打头阵、当先锋，当好意识形态领域斗争的生力军。要坚持党管媒体原则，严格落实政治家办报要求，确保新闻宣传工作的领导权始终掌握在对党忠诚可靠的人手中。❶

模块式报道是对单一和分散式新闻报道的有机组合，为党报创新重大突发性事件报道提供了新的思路和方法。有研究者指出，模块式报道是新闻报道中新近几年出现的报道写作手法，它往往以某新闻事件或新闻人物为报道契机，其构件通常包括：新闻叙述、背景介绍、资料链接、权威点评等，操作时可依据新闻的具体情况灵活分项和有机组装。[14]就笔者搜集到的文献来看，目前国内对模块式报道的研究主要针对报道的写作手法，对模块式报道在报纸版面上的运用还鲜有研究。应该说模块式报道本身就包含两个层面的含义：一个层面是针对单篇新闻报道写作方式的模块化，另一层面是针对报纸版面组合方式的模块化。这里，第二个层面是对第一个层面的提升，即在新闻报道小模块化的基础上实现版面报道的大模块化。下文将从第二个层面即报纸编辑学角度出发，以《人民日报》2018年的"3·14"拉萨事件报道为例进行分析，具体探讨在突发事件中党报舆论引导创新的四个基本原则。

---

❶ 习近平. 习近平关于全面深化改革论述摘编［M］. 北京：中央文献出版社，2014：83-84.

一、编辑的主导性原则

从新闻史学角度来看，世界报业经历过两种办报模式：一是以记者为中心的模式，二是以编辑为中心的模式。如今，以记者为中心的办报模式已不多见，尤其在国外，这种办报模式早已成为历史。中华人民共和国成立70多年来，我国的办报模式一直是以记者为中心。但是，这种办报模式越来越难以适应经济和社会发展的需求。正因为如此，从20世纪90年代初起，我国报界以记者为中心的一统天下的办报模式开始被打破，以编辑为主导的办报模式开始出现。[15]当然，编辑主导制并不是对记者中心制的否定，而是对编辑地位认识的一种纠正，使他们不再附属于报纸，而在实践中成为新闻报道的重要力量。模块式报道正是体现了以编辑为主导的报道思路，也为在整体上提升传播效果提供了可能。

模块式报道要求体现编辑的主导性原则，但其报道的基础依然新闻的采访与写作，这也是模块式报道的基本前提。但单一成文的新闻报道难以发挥整体的力量，这个任务当然只能由报纸的版面编辑来完成，他们经过精心设计和对新闻进行有机组合，才可以完成使传播效果达到最大化的重任。从这个意义上说，模块式报道的重心实现了某种程度的转移，即从采写为主导转移到以编辑为主导。研究者指出模块式新闻与传统新闻表现方式不同，不仅仅是从表面上看必须有版面的介入才能达到完整性，实质上它是编辑主导、注重策划与采编互动的机制在报道形态上的一个具体体现。[16]因此可以说，模块式报道能否实现传播效果的最大化，最根本的主导权掌握在编辑手里。

在"3·14"拉萨事件报道中，《人民日报》充分利用了模块化报道的版面优势，编辑不仅大量采用记者采写的动态消息、深度报道、新闻分析和人物访谈，还通过组合刊发新闻评论、背景资料、权威观点等新闻样式，充分调动版面的兼容性、灵活性和结构的开放性特点，充分展示了模块式新闻在重大事件报道中的优势与活力。比如其3月24日第4版，整个版面有包括两幅新闻照片在内的7篇新闻稿件，其中有3篇动态性报道：《鲜血与生命的控诉——西藏各族人民群众痛斥拉萨3·14打砸抢烧事件》《就拉萨打砸抢烧严重暴力事件阿沛·阿旺晋美发表谈话》《3·16事件基本平息，阿坝区社会秩序逐步回复正常》。同时，版面还利用知名专栏"人民论坛"发表署名新闻评论《是无知，还是偏见》，与此配合刊发的还有国家级通讯社——新华社记者的评论《事实不容扭曲 公道自在人心》，与动态性报道形成合力，不但报道事实，而且让事实说话，正确引导读者对事实做出合理的判断，权威的信息+权威的评论给出了客观的答案。除此之外，版面还配发两幅新闻照片：一幅照片的文字说明是"3月23日，居住在拉萨市吉崩岗的藏族女孩次仁卓嘎给母亲次松敬酥油茶"；另一幅照片的说明是"3月23日，甘肃临夏来拉萨做生意的马丽亚带着孩子亚古白在冲赛康的巷子里玩耍"。读者从画面中不难看出拉萨"3·14"打砸抢烧事件受害最严重的城关区冲赛康、夏萨苏、吉崩岗等社区居民的生活正在逐步恢复，一些商铺重新开门营业，生活设施也逐步得到修复。此时无声胜有声，照片在版面上起到了文字不可替代的作用。同时与其他版面元素相互配合，整体事实真相与是非对错一目了然。

二、报道的组合性原则

实现传播效果最大化的一个有效手段就是报道的模块化组合。这一组合途径是把事件的动态消息、背景资料、新闻分析、新闻评论和其他方式整合起来，其传播意图是强调分解新闻事件，从不同的信息来源或不同的角度对事件进行挖掘，客观全面地表现出新闻事件的真实面貌和意义，让受众对新闻事件有一个立体、全面的把握，完成对某一新闻事件的立体展示。模块式报道的组件有多有少，模块的大小长短也没有一定之规。某些模块可以采用传统的体裁，某些模块也可以没有体裁，只是一系列解释，或一组片段、一串数字，它摆脱和突破了单一体式结构的局限，扩大了体现新闻内涵的空间。[16]

编辑学原理也提出，每一篇稿件因受主题、题材、体裁等方面的限制，只能侧重反映客观事实的某一个方面的信息，对于一些重要的或受众感兴趣的新闻事件，他们有可能希望获得更多的信息、较全面的了解，因而从一篇稿件来看，反映现实生活的有限容量与受众多方面的需求就可能形成矛盾。

为解决这些一矛盾，编辑在组构版面时，不能只满足于把一篇篇稿件分散地、孤立地发表出去，而要进行稿件的配置与组合。虽然这是编辑的一般原则，但对于模块式报道来说同样适用，即使是单篇的新闻报道也具有模块的优势，多篇的组合显然具有更大的优势。稿件配置的目的在于丰富报道内容，扩展和深化报道思想，满足受众的需求，从整体上增强传播效果。[17]因此，模块式报道传播效果的最大化是对各种报道优化组合的结果。

比如《人民日报》3月25日的版面继续沿用了3月24日的版面，整个版面包括了三条动态消息：一是《拉萨"3·14"事件中两起纵火案告破》，二是《我感到害怕和震惊——一位美国人在拉萨"3·14"事件中的遭遇》，三是《阿坝县中小学大部分复课》。同时刊发的还有一篇通讯《烈火真情——记藏族少年索南东智舍己救人的事迹》，以感人至深的纪实手法揭露了分裂集团给人民造成的巨大创伤。除了新闻报道之外，版面还安排了两篇分量很重的评论或分析：一是"人民论坛"的署名文章《稳定是福》，二是《认识达赖集团真面目的鲜活反面教材——中国藏学研究中心总干事拉巴平措评析拉萨暴力事件》。这两篇新闻在新闻报道的基础上，用事实说话，以理服人：3月14日发生在拉萨的打砸抢烧严重暴力犯罪事件，打破了西藏的宁静和稳定。许多无辜群众的生命被夺走，几百家店铺被砸、被烧，人民群众的生命、财产受到严重损害。经过党和政府的依法处置，西藏的社会生活秩序逐步恢复。西藏各族人民从亲身经历中更加真切地感到，和谐宁静的生活来之不易，维护社会稳定符合各族人民的根本利益。高屋建瓴的评论与新闻事实组合呈现，模块式报道不但真实、客观地报道了事实，而且及时引导了正确的大众舆论，显示出了比分散传播具有更强大的组合效应和震撼力。

在模块式报道的组合性原则中，背景新闻是一个重要的内容。当西方新闻媒体在歪曲西藏历史，对西藏人权状况进行肆意攻击的同时，《人民日报》在3月28日的版面中于第4版头条位置刊登《西藏：让历史告诉世界》，文章从1914年开始追踪，以大量的历史档案告诉世界真相：在达赖统治的那个政教合一、封建农奴制社会的旧西藏，人权只是所谓官家、贵族、寺院上层僧侣的人权，农奴主可以把农奴用于租让、转让、赌博、抵押、赠送或出卖给其他领主。 与此形成鲜明对照的是，新中国从根本上保障了西藏人民的生存权和发展权。只有在西藏和平解放后，翻身做了社会主人的广大藏族人民才真正拥有了政治自主权、经济社会发展权、文化发展继承权和宗教自由信仰权。在这样的事实面前，一切别有用心的谎言不攻自破。

三、内容的动态性原则

在模块式报道中，动态性原则包含两个方面的内容：一是版面必须包含足够数量的动态性消息，这是新闻版面价值的重要体现；二是还要包括版面的动态化设计——版面必须紧跟事件的进展和影响，动态性地调整和安排版面内容元素。显然，这一原则也是编辑的主导性原则的延伸和具体化。

首先，在重大突发事件的报道中，动态性消息体现了新闻价值的两个根本要素：显著性与及时性。因此，动态消息应该成为报纸版面的主角。依照新闻学原理，动态消息是对最近发生或正在发生的新闻事件进行的简洁报道，具"新鲜""快速"和"短小"的特征，报道内容单一，无须回答为什么和怎么样的问题。但它只是模块式报道的一个必要构成部分，还要与背景材料、权威点评、相关场景等组合完成对该事件的深度剖析，从而以深刻性、广泛性、整合性、递延性见长，将新闻事实由表及里地分析给受众看，揭示事件间的深刻关系。

现场见闻是动态消息的一种样式，是指记者在新闻发生的现场，通过目睹耳闻和观察分析得到的第一手材料，在浓郁的现场气氛中，真实地向受众报道新闻事实发生与变化状貌的特稿形式。它要求记者必须在新闻事件现场，新闻事件必须具备一定的新闻价值，并且行文短小精悍。与现场见闻相似的是，模块式报道同样要求记者在现场运用多种感官全方位地感受现场的变化。与之不同的是，在模式化报道中，现场短新闻对事实的采访报道是与新闻事件同时发生的，它对事件进行简约的报道，而不进行深刻的背景分析和因果阐释。在模块式报道中，现场见闻往往是作为一个构件出现的，凭借着报道层次多的优势，模块式报道可以同时进行多个现场的转换，既可以报道不同地点同时发生的事件，又可以报道同一地点不同时间的场景，充分体现了报道的多层次和多角度。

比如3月24日第4版的《鲜血与生命的控诉——西藏各族人民群众痛斥

拉萨"3·14"打砸抢烧事件》就是一篇优秀的现场见闻报道,其分别用小标题的形式叙述记者的见闻——"生命的控诉:5位花季女子葬身火海""除了身上穿的这身衣服,我现在连一勺糌粑都没剩下""想破坏西藏人民幸福的生活,我们决不答应"。记者以现场见闻的形式反映了人民的控诉:3月14日,拉萨发生不法分子打砸抢烧事件,18名无辜群众的生命被夺走,382名群众的人身受到伤害,几百家店铺被砸、被烧。字字见血的文字是对分裂分子暴行的有力控诉。

其次,版面的动态性是指版面在重大事件的报道过程中,要根据事件的进展和影响调整版面内容,在事件发生的初期,必然以报道事态进展为主要内容,报道多以动态性消息为主;事件发生的中期要以事件的处理为主要内容,报道以新闻综述和观点评论为主;事件的后期以影响为主要内容,报道多以权威评论和事件回顾为主。《人民日报》的"3·14"事件报道在整体上体现了这一思路,3月24日的报道动态消息有5条(包括2幅照片),25日的报道有4篇,27日有2篇,28日只有1篇。这一思路基本符合动态性的原则。

因此,对于版面编辑而言,应当在模块式报道中始终保持动态性思维。新闻学理论指出变动产生新闻,没有变动就没有新闻。同样,对于编辑来说,变动才能创新,没有动态性思维就会使模块难以动起来。[18]在模块式报道中,对重大事件进行的渐进式报道和连续性报道最能体现这一特征。比如对"3·14"事件的报道,要求版面编辑随时根据事件的进展,及时调整版面内容,使不同时间阶段的报道既能突出重点,又能充分体现模块式报道中其他内容的有机组合。思维的动态性体现在版面内容的动态性,编辑应当根据事件的进展,及时报道最新消息,还要迅速组织与此相一致的背景消息、新闻评论和其他形式的信息,保持版面随事件而动,这是防止宣传式说教可能造成的接受逆反,也是实现传播效果最大化的唯一路径。

四、评论的多样性原则

模块式新闻融纯新闻、解释性新闻、新闻评论甚至现场短新闻等新闻体式的特点于一身,它不仅告诉你发生了什么事,而且还要告诉你,为什么会发生这样的事和如何理解这件事。因此,模块式新闻以解释性新闻为主,它满足了受众日益增长的新闻消费需求,必将在新闻实践中得到越来越多的人的接受和认可。纵观《人民日报》对"3·14"事件的报道,在连续多期的模块式报道中,对新闻的解释和解读占据了很大的比例,新闻评论成为解释新闻和实现舆论引导的最大利器——立言论而居要,乃一版之警策。

新闻评论是新闻媒体对当前重大新闻事件解释评判、表达观点的一种主要形式,它是新闻媒体发挥正确的舆论导向作用的重要社会公器,具有相当的权威性。模块式报道取其所长,将编者按巧妙地点评或解释转化成一个构件,做到了言之有据,说理透彻。不同的是,模块式报道更注重言论的多样性,不仅让专家直接出面发表意见或看法,而且还常常刊登各方人士的看法,让报道发出多种声音。[19]

如《人民日报》3月28日的第4版就是一个以舆论引导为主的版面,占据整个版面的大部分:一是《西藏,让历史告诉世界》,二是"人民论坛"的《他们关心西藏的人权吗?》,三是《达赖分裂集团必将搬起石头砸自己的脚——访西藏自治区书记》,四是《达赖集团欺骗性的大暴露》。从形式上看这些内容大都具备消息的基本要素,但从内容上看它们都是观点新闻,因此把它们归入评论之列也不是没有合理性,因为在事件进入这一阶段,事实真相已基本清楚,人们更需要报纸继续发挥舆论的引导功能,帮助人们消除心里可能存在的疑问,坚定人们对真相和事实的信任,扩大和巩固前期的报道成果。这一天的报纸只有《我们肯定把生意做下去》和一张配发的照片"3月26日,拉萨市北京东路小商品批发市场恢复营业。图为市民正在选购商品"。这是仅有的动态消息。因此,报纸版面以动态消息为主,但也要具备动态的手段,即在事件的结尾通过舆论扩大报道成果。从某种意义上说,随着事件的进展而不断推出的观点信息也是一种动态信息。

3月29日的版面也很类似,有3篇评论性文章:一是头条的《达赖集团中间道路的真正用意是西藏独立》,二是《参与西藏暴力活动的少数僧人应重读教义》,三是《假自由人权之名 行分裂主义之实》,另一篇人物访谈《爱国爱教的宗教人士坚决与分裂分子划清界限》其实也可以划为此类。当然,动态消息占据的篇目也不少，包括一副新闻照片在内共有4条：一是《教育部授予救人英雄称号》，二是《甘肃藏族自治州学生复课》，三是《境外记者采访离开拉萨回到北京》，照片的内容是"3月28日，甘肃省甘南藏族自治州夏河县拉卜楞藏民小学二年级学生在上体育课"。但这些动态消息所占的版面位置不大，加在一起也不过相当于头条的篇幅。

就评论的多样性来看，《人民日报》关于"3·14"事件的模块式报道采用了评论中的常用样式，比如24日的"人民论坛"和新华社记者的评论，25日继续利用版面同一位置的同一专栏"人民论坛"发表评论，27日除了"人民论坛"的评论外，还有权威藏学专家的评论分析，28日是"人民论坛"和中国人权研究专家的评论，30日的版面继续发表"人民论坛"署名评论，评论版面的使用如此之多，知名专栏的使用如此之频繁，既是党报的优良传统，也体现了模块式报道的优势。当然，网络评论、编辑评论和署名个人评论虽然没有在模块式报道中被大量采用，但在《人民日报》的其他版面上也有运用，也从总体上充分彰显了权威党报的重要舆论引导能力。因此，模块式报道在"3·14"事件上的运用，必将在党报发展史上留下可圈、可点的历史记录。

参考文献：

[1]姜红.舆论如何是可能的？[J].新闻记者，2006（2）：84.

[2]陈力丹.新闻理论十讲[M].上海：复旦大学出版社，2008.

[3]曾庆香.对"舆论"定义的商榷[J].新闻与传播研究，2007（4）：47.

[4]刘金顺.李普曼Public Opinion 一书译本的七个翻译问题[J].国际关系学院学报，2005（1）：61.

[5]黄旦.舆论：悬在虚空的大地？[J].新闻记者，2005（11）：68.

[6]胡钰.新闻与舆论[M].北京：中国广播电视出版社，2009.

[7]马乾乐，等.舆论学概论[M].太原：山西人民出版社，1991.

[8]刘建明.当代舆论学[M].西安：陕西人民教育出版社，1990.

[9]李良荣.当代西方新闻媒体[M].上海：复旦大学出版社，2003.

［10］徐向红. 现代舆论学［M］. 北京：中国国际广播出版社，1991.

［11］哈贝马斯. 公共领域的结构转型［M］. 曹卫东，等译. 上海：学林出版社，1999.

［12］高海波. 公共舆论和舆论学研究的转向［J］. 当代传播，2001（11）：67.

［13］马克思，恩格斯. 马克思恩格斯全集（第27卷）［M］. 中共中央马克思 恩格斯 列宁 斯大林著作编译局，译. 北京：人民出版社，1972.

［14］程欣. 模块式报道［J］. 军事记者，2004（4）：26-27.

［15］胡永刚. 采编机制改革的大趋势：由记者中心制到编辑主导制［J］. 新闻知识，2001（9）：7.

［16］高红玲. 模块式新闻表现形式的特性［J］. 新闻战线，2003（6）：47-48.

［17］吴飞. 新闻编辑学教程［M］. 北京：高等教育出版社，2004.

［18］伊云. 深度报道特征初探［J］. 江苏教育通讯，2007（6）：29-30.

［19］张红军. 模块式新闻：正在流行的新闻样式［J］. 新闻界，2005（4）：96-97.

第五章　新媒体话语表达与舆论治理

第一节　新闻话语的关键理论

"法国著名思想家、哲学家福柯对'背景'（context）的概念做出了某些有价值的评论，这特别反映在以下有关问题上：一是陈述的'情景背景'（陈述得以发生的社会背景）和它的词语背景（它与前后陈述的相关位置）如何决定陈述所采纳的方式，如何决定它之受到解释的方法。"❶话语分析理论提出，话语既是一种表现形式，也是一个行为形式——以这种形式，人们有可能对这个世界产生作用，特别是与这个世界彼此产生作用。同时，在话语和社会结构之间存在一种辩证的关系，社会结构是社会实践的一个条件，也是它的一个结果。

"互文性"（intertexuality）是法国符号学家、女权主义批评家朱丽娅·克里斯特凡（Julia Kristeva）在20世纪60年代提出的一个概念，她认为互文性包含这样的意思，即将"历史（社会）插入文本之中，以及将文本插入历史当中。"对于第一句话，她的意思是文本吸收了过去的文本，并且是从过去的文本中建立起来的。对于第二句话，她的意思是文本回应、重新强调和重新加工过去的文本，并通过这样的工作致力于创造历史，致力于更加广泛的变化过程，也致力于预测和试图构成以后的文本。❷新闻伦理的产

---

❶ ［英］诺曼·费尔克拉夫. 话语与社会变迁［M］. 殷晓蓉，译. 北京：华夏出版社，2003：45，94.

❷ 同注❶.

生、丰富与完善正是互文性作用的结果。

其实，新闻伦理的产生本身就是一个偶然的互文性的结果。1914年，记者H. L. 门肯（H. L. Mencken）在思考到底什么是新闻伦理时，无意间受到法庭上辩护律师行为的启发。他认为，既然法庭上的律师必须依照陪审团的要求来调整自己的行为方式，那"对新闻从业者的行为进行调整和规范，必将有利于新闻职业化的进步"❶。这便是新闻伦理思想的最初起源。经历了近一个世纪的丰富和完善，新闻伦理的内涵得以逐步地完善。但伦理话语本身也在随着社会的发展而不断变化，从这个意义上说新闻伦理又是一个永远无法达到的理想境界。西方学者巴尔帝莫认为，新闻业已经见证了这一伦理的演进过程，但人们对伦理的内容本身又没有一个清晰的概念。但H. L. 门肯坚持认为，可以明确的是，新闻伦理的演进之路并不是线性的，而是表现为不规则的双曲线。"即使是这样一个迂回的方式也不是没有积极意义，因为迂回发展总要比在原地徘徊好了许多。也许，每一次发展都可能再次退回原点，但是也是站在一个新的起点上。"❷

当代西方的媒介伦理依然没有能够建立起新的话语秩序，对20世纪那套陈旧的行为与价值的定义实现超越已经迫在眉睫。在过去的10多年里，虽然伦理话语成为新闻领域最热门的研究课题，但是很少有学者在追溯与媒介伦理相关的理论根源上有新的突破。其实，费尔克拉夫是在强调任何话语的产生总是与一定的历史结合在一起，也就是话语生产以及分配和消费的互文性是新闻伦理话语的历史或理论根源。"从历史角度来看，互文性概念将文本看作把过去的东西——现存的习俗和已有的文本——改造成现在的东西。"❸因此，对于伦理话语而言，也必须借助于历史性的话语而得以重新建构。然而，狄更斯–加西亚提出："在学术领域，对媒介伦理话语的研究最致命的问题是缺乏历史性的视角——也就是说，如果无法提供媒介伦理的历史性话语，也就不可能对这一话语的产生背景确切地提供连续性的阐

❶ MENCKEN H L. Newspaper morals［J］. The Atlantic Monthly, 1914, 113: 296, 297.

❷ 同注❶.

❸ ［英］诺曼·费尔克拉夫. 话语与社会变迁［M］. 殷晓蓉, 译. 北京: 华夏出版社, 2003: 45, 94.

释。"❶

　　虽然，当代新闻伦理话语尚缺乏历史性的理论根源，但狄更斯-加西亚还是在伦理价值和专业标准之间做出明显的区分。对于专业标准而言，它其实是个建立在实践基础上的明确的时间观念，因此得以实现规范人每一天的职业行为的目的。但是，她也指出"新闻准则的历史分析也强调基于理论根源的新闻伦理的关注的程度"。也就是说，在缺乏历史性互文性的背景下，对新闻伦理的关注程度却可以反映出其现实重要性。"因此，对当时占话语主导地位的感觉论者来说，新闻伦理是个相当模糊的概念，但它正在变得越来越清晰了。"❷著名学者斯波特（Siebert）和其他一些学者所指的自由主义的出现之时，正是西方"政党报纸"制度的衰落之时。"媒介的资金安全导致对新闻自治需要意识的提高。"❸"改良时代"（The Progressive Era）在政治和劳资领域推出的措施，对重塑记者自身意识起到了积极的作用：记者把自己当作"比以前任何人都更加大胆、清晰和'实际'的报道产业社会的政治和经济事实的科学家。"❹

　　以《人民日报》的微博为例，其话语形式直接或间接代表舆论。毛泽东同志当年亲自给《人民日报》题写报名。全党全国人民都从《人民日报》里寻找精神力量和"定盘星"。要适应变化、不断壮大，关键是不忘初衷、坚定信念，新闻舆论阵地既要坚守也要与时俱进。2012年，《人民日报》微博的开通是一个标志性事件。这一年7月22日，《人民日报》法人微博上线运营，以其"权威声音、主流价值、清新表达"的明确定位，一改人们心中对传统党报的刻板印象，《人民日报》的发展进入新时期。

　　从2006年上线的世界第一家微博网站Twitter到2009年中国新浪微博内

❶ DICKEN-GARCIA. Journalistic standards in nineteenth-century America［M］. Madison：University of Wisconsin Press. 1989：4

❷ GORREN A. The ethics of modern journalism［J］. Scribner's Magazine, 1896, 19：507-513.

❸ BALDASTY GERALD J. The commercialization of news in the nineteenth century［M］. Madison：University of Wisconsin Press. 1992.

❹ SCHUDSON MICHAEL. Discovering the news：a social history of American newspapers［M］. New York：Basic Books. 1978：71.

测版的开放，微博迅速成长为最富传奇色彩的媒体。2010年被称为微博发展元年，2011年为政务微博发展元年，而以2012年《人民日报》开通法人微博为标志，中央级媒体掀起开博热潮，地方党报微博也蓬勃发展，因此可以称为"媒体微博元年"。在《人民日报》开博的第一周就以180条微博收获了15万粉丝[1]，至今粉丝已超过1亿人，名列"媒体微博综合榜"前三甲，位列"十大党报微博"之首。《人民日报》微博成功打通了体制内和民间两个舆论场，在话语体系创新和舆论引导上取得不俗的效果。

对现有的研究进行分析发现，当前关于微博话语的研究主要集中于话语权与话语系统两个方面，而对于微博话语表达的研究却屈指可数。什么是话语呢？简单来说，这个术语主要用于语言学中，用以指称比句子更大的语言单位。广义指人们说出来或写出来的语言。它与语言是不同的，"话语"本身同时兼有名词与动词的属性。故它更易保持话语作为一种行为的意义，而"语言"往往好像仅仅指涉一种事物。[2]由此，对话语的分析是指说（叙述）什么、如何说（叙述）以及所说的话语（叙述）所带来的社会后果的研究。本节基于这一概念，立足传播学理论，以话语表达为视角，从表达内容、表达形式和表达效果三个方面入手，深入剖析《人民日报》微博的话语特色。为研究方便起见，本节选取《人民日报》微博自2012年7月起至2013年4月，每月1日发表的微博为样本，共计315篇博文。

第二节 微博话语表达的内容

话语表达的内容是话语分析的主体。通过分析话语表达的内容我们能够获悉"说者"的观点和态度等重要信息。《人民日报》试图通过微博这样一个社交媒介来发出自己的声音，实现自身的价值。这其中，内容的吸引力才是王道。《人民日报》微博正是以优质的内容赢得了广大网民的认可。

一、话语表达内容的信源

信源即信息的来源。网络平台上多元的个体使得每个人都成为"公民记者"，实时地传播亲身经历、所见所闻。利用网络所提供的新闻线索，我们可以更快、更准确地了解到当事人及现场状况。微博为网友提供了一个自由、即时、互动的信息聚合平台，每个人都是信息的发布者。

《人民日报》微博内容的来源主要分三个部分：其一是当天的《人民日报》、《人民日报》（海外版）及其他社属报刊的见报文章摘编及改写；其二是党报各采编部门、各地方分社发回于现场首发的报道、评论；其三是对新华社、各重点新闻网站及其他个人微博发布信息的摘编或转发。

其中，前两个部分合计的比例约占到已发布微博总量的80%。值得注意的是，在被抽取的93篇有新闻线索的博文中，有18次出现了据"本报记者消息""人民日报记者消息"，将本报社原有记者的第一手新闻发至微博共享，时间相比传统纸媒的新闻生产周期大大缩短。

二、话语表达内容的构成类型多样并具有侧重点

官方微博有别于个人和其他微博的一个重要特质就是其信息优势和观点优势，这也正是官方微博的核心竞争力。《人民日报》微博借助母报的权威地位和资源优势，博文内容的选材很广泛。因此，《人民日报》微博不但观点新颖，而且涵盖了社会生活的各个方面，尤其体现在关注民生相关的社会信息方面。调查分析显示：《人民日报》微博的内容沿袭了纸媒的传统，以新闻立博，主要集中于政治、经济、民生、文化、军事及其他社会热点，综合性较强。但其侧重点也是显而易见的，其中民生类占比最高，达到60%，由此可见《人民日报》微博对民生的关切。而社会民生资讯之中有47%的社会新闻、19%的生活资讯、6%的天气提示、19%的个人报道、3%的娱乐信息和3%的节日信息。

在《人民日报》微博生活类信息之中，以"小人物"为主角的微博也很出众。它们或是利用某一个体的行为来传递社会正能量，或是讲述小人物的行为，以点带面，给人以感动和反思。例如2013年4月1日上午10：30所发的博文：

【跑赢了马拉松，却跑丢了文明】77岁的拾废品老人张发妞，昨天在河南郑东新区CBD大获丰收，仅用一个小时，就捡到过去一天才能捡到的东

西。当天，郑开马拉松比赛在郑东新区举行。赛后，360多名环卫工人共清扫垃圾12吨，一直干到天黑才打扫干净。PS：跑丢的文明成为老人收获的幸福，悲也？喜也？@大河报

三、话语表达内容的立场

微博时代在提供海量信息的同时，也容易带给人们真假难辨的困惑。于是人们了解真相的途径还是倾向于权威媒体。因此传统媒体，特别是党报在微博上发布的新闻具有无与伦比的可信性。作为中共中央机关报《人民日报》的官方微博，自然也承担着向全国和世界传播与介绍中国共产党和中国政府的方针、政策及主张的重任，代表着党中央的意志和社会的主流价值。

《人民日报》凭借自身优势以及不断的探索，成为打通"两个舆论场"的主力，一方面，《人民日报》作为"主流舆论场"，《人民日报》法人微博具有天然的权威影响力，但这种影响力还基本存在于传统的话语体系中；另一方面，因为《人民日报》在当下发生的公共事件中的不断发声，其不缺位的姿态以及高质量、高水平的评论性微博的发布，为整个事件在公众中间的传播方式设置议题，引导了舆论的走向。

通过抽样分析，我们能清晰地发现《人民日报》微博在面对舆情事件时的态度和立场，主要表现在以评论为主的博文之中，其中批判反思的占42%，中立客观的占33%，赞同表扬的占25%。由此体现了《人民日报》微博总是以客观的态度和理性的分析来解剖事件，并用简明扼要的表达阐释出问题的本质和解决之道，这也正是其微博标明的新闻宗旨：参与、沟通、记录时代。

第三节　微博话语表达的方式

不同的传播媒介适用不同的话语表达方式。网络时代对传统新闻生产方式的颠覆，不仅体现在传达内容上的碎片化与多元化，而且在传达形式上又

具有新的特点。随着微博平台的技术发展，博文不仅可包含纸媒所能呈现的文字与图片，而且还可附加视频、网络超链接、网络表情、话题检索等多媒体方式。

一、话语表达方式的多样性

在"信息大爆炸"的网络时代，我们时刻被各种信息洪流淹没着。如何吸引网民稀缺的注意力，满足他们多样化、个性化与便捷化的信息需求，是新媒体时代信息传播者亟待思考和解决的问题。作为一种碎片化的信息传播方式，微博对信息表达方式提出了更高的要求。《人民日报》微博采用文、图、视频、链接相结合的方式，给粉丝呈现一个缤纷的资讯世界。网民不仅能博览各类信息，而且还能深入新闻和事件的背后，获取更多感兴趣的信息。

此外，除了图文并茂的表达之外，《人民日报》微博还通过多样化的栏目设置满足粉丝们多样化的需求。每日固定会有"早安帖""晚安帖"板块，不定时地发布"微投票""微话题""微议录"等板块，也会针对特殊重大事件及话题另辟板块，比如国庆期间对交通路况进行的现场报道"我在现场我播报"、党的十八大期间的"十八大进行时"。

而且，栏目的设置已经达到了制度化与常态化。每天早晨，《人民日报》微博以"新闻史上的今天"开始一天的博文，该栏目的内容由中国新闻史学会供稿。"微议录"是微博加强与网友互动的尝试，从每天的热门微博评论中摘编集纳，并承诺"每周的最精彩评论，有机会登上人民日报"。"微评论"以每天1～2则的频率主要针对当天备受关注的社会问题做出评论。在做出评论的同时，也提出问题，引发思考，与大家"共勉"。在"你好，明天"的子栏目中发布的微博，一直是转发、评论比率最高的。

综上所述，通过打造精品栏目，《人民日报》微博受到了粉丝们的追捧和持续关注。正是如此多彩的精品栏目塑造了《人民日报》微博"权威话语、清晰表达"的良好形象，在引导网络舆论，打通官方、民间两个舆论场方面做出了积极努力，而多样化的表达方式正是网络时代的必然选择。相比于其他党报微博刻板单一的表达方式和栏目设置，《人民日报》微博当之无愧地独领风骚。

二、话语表达方式的平民化

《人民日报》微博成功的关键因素就是其"亲民"的姿态与"清新"的表达方式。通过研究普通网友的话语体系和使用习惯，有意识地用民间语态与网民有情感地进行沟通，以亲民、清新的方式获得了网民的积极反馈。经过一段时间的"试水"，《人民日报》微博学会了用网民乐见的话语方式说话。不论发布信息，还是阐发观点，都很少见传统的、备受诟病的话语方式和文字风格。即便要说服公众，也不是自以为是地说教，而是放下身段，以"促膝谈心的方式"与广大网民平等对话。

首先，微博代表了低姿态、有情感倾向的形象。通过抽样分析，我们发现：《人民日报》微博的博文带有丰富的感情色彩，字里行间洋溢着普通老百姓的喜怒哀乐。通过句式、标点、助词等的灵活运用，给人一种平等的、自由的、参与的阅读感受。如2013年3月1日发表的微博：

【关于租房那些烦心事】都说"房奴"日子难挨，租房也不轻松，都不容易。房东随意涨租金，中介总是浑水摸鱼，看房时说得天花乱坠，收了定金、赚了差价后便当起了"甩手掌柜"，退房时以种种借口扣下大部分押金……吐槽归吐槽，租个安心房才是关键，点击大图看看租房小贴士。你还有什么租房心得吗？

其次，大量使用网络热词也是《人民日报》微博的特色之一。"囧""赞""吐槽""纠结""坑人""接地气""靠谱""正能量"等网络流行语的使用拉近了与网民的距离，受到了网友的追捧，比如2012年12月1日的微博：

【要是玛雅人靠谱……】进入12月，离玛雅人预言的所谓"世界末日"仅剩21天。近日，以"请问玛雅人靠谱吗？"开头的"玛雅体"开始在网上蹿红。"请问玛雅人靠谱吗？要是靠谱我就不上班了""要是靠谱我就向她表白了"。欢乐畅想"末日"，大胆吐槽"余生"，要是玛雅人靠谱，你打算做些什么？

第四节　微博话语表达的效果

微博作为自媒体时代的新兴媒介，为受众话语权的释放提供了一个自由的空间。自由表达和参与互动是微博的重要特点，在微博平台上每个人都是信息的发布者。《人民日报》微博深谙大众传播之道，以更开放的姿态、更创新的方式与网民互动，收到了"字字珠玑"的效果。

一、开放姿态，积极互动

有效互动是微博的灵魂。微博是一个社交平台，不能搞"一言堂"，对网民发的评论置之不理。即使进行了互动，也不能充满官话和套话。因为若长此以往，微博将不可能赢得网民的好感，更不会有长久的生命力。故官方微博必须采用微博自身的言说方式说话，不能自以为是地说教，只有这样才不致于令公众反感。《人民日报》微博成功的一个重要因素就是姿态开放，认真研究网友们的话语体系和使用习惯，有意识地采用民间语态与网民进行情感的沟通，从而以亲民、清新的方式获得了网民的积极支持。

通过评论、转发、组织投票等形式与网友积极互动是《人民日报》微博的一大亮点。譬如，伦敦奥运期间，《人民日报》与《人民日报》奥运特刊联动，合作开辟"微论坛"栏目，每天设置奥运话题，与网友开展有奖互动，并精选网友评论在《人民日报》上刊出。奥运结束后，《人民日报》又以"公共讨论推动理性生长"为口号，推出"微议录"，结合当日的时事，摘取、集纳每天网友对《人民日报》法人微博的评论并@相应网友，进行"报"与"博"之间的良性互动。此外，《人民日报》还开辟了"中国好声音"栏目，刊发来自网友的真知灼见，有些被选中的网友表示，"运用微博征集民意，是一种迅捷、亲民的互动方式，值得期待！"[3]

二、热点话题，持续跟进

媒体微博因其具有较多的粉丝、较权威的信息来源、较强的传播力，在网络舆情事件发展过程中往往能发挥重要的作用。对敏感事件的持续关注和深度解读是《人民日报》微博的特色之一。通过跟进报道，回应网民关切是@《人民日报》微博与网友互动的又一重要形式。

从2013年1月11日到2月1日期间，微博博文内容多变，类型多样，话语亮点闪烁：①有涉及"社会民生"的：PM2.5指数、雾霾状况持续、北京再现重污染等博文；②有涉及"生活常识"的："应对雾霾教你两招解毒""改变不了天气只能改变心情"；③有涉及追溯雾霾原因的："成品油硫超标导致北京雾霾说法不实"；④有发起评论思考的："雾散了，环保注意力行动力却不能退潮""给底层公民最起码的尊重"……由此可以看出，《人民日报》此次微博发布话题跨度之广，涵盖了重大舆情事件的方方面面，做到了回应热点，持续跟进。

综上所述，党报利用新媒体自身的先天优势，正在不断创新和构建崭新的话语模式，党报微博在之后的经营与发展之中要结合自身优势，发挥新媒体之所长，打通体制内和民间两个舆论场，在舆论引导上继续发挥主导作用，最终实现党报自身母品牌的长期发展。而《人民日报》微博的成功运营为党报借力新媒体树立了典范，期待党报微博能够在这一机遇与挑战并存的状态下实现新的发展。

参考文献：

[1]平萍.人民日报官方微博受追捧引发的思考——兼论传统媒体如何夺回话语权[J].中国记者，2012（9）.

[2]约翰·费斯克.传播学的关键概念[J].李彬，译.国际新闻界，2002（1）.

[3]潘宇峰，周亚琼，周培源."微博国家队"强势成长，努力打通"两个舆论场"[J/OL].（2013-06-01）[2013-03-18].http：//yuqing.people.com.cn/n/2013/0318/c210118-20822437.html

第六章 新媒体舆论场与公共治理

　　微博作为公开的信息平台和公共话语平台，在舆论场中发挥的作用也越来越大。微博舆论场就是借助微博舆论的生成与传播而形成的特定时空环境，是由新媒介场、心理场、社会场三部分交汇而成。本章在分析微博舆论场的内涵、特征与问题的基础上，提出微博舆论场的治理与走向，期待微博舆论场风清气正，为社会共识的培育提供源头活水。

　　媒介学大师麦克·卢汉曾提出"媒介即信息"，预言了媒介在人类发展中的地位和作用。随着互联网的发展和科技产品的普及，移动媒介逐渐兴起并成为人们精神交往的重要途径，移动舆论场也由此改变了固化的舆论格局。移动舆论场包含多个舆论子场（也称子舆论场），其中微博作为公开的信息平台和公共话语平台，是一个能够发挥重大作用的强势舆论子场。微博用户可以通过多种客户端发布即时消息，快速对突发事件做出反应，实现信息共享和舆论发酵，形成强大的微传播力量，由此舆论场逐渐形成。随着微博用户的稳定增长，微博对舆论的影响越来越大，对微博舆论场的研究就显得非常迫切。由此，对微博舆论场的特征、现状和趋势进行研究，深入梳理对微博舆论场的共识，澄清存在的分歧，力求使微博舆论场在人类精神交往和舆论治理中发挥正向作用。

第一节　微博舆论研究回顾与评析

　　在世界范围内，Twitter是最先兴起的微博网站，它于2006年由博客托管服务公司OBVIUS推出。两年之后，Twitter在网络世界迅速蹿红，越来越多的网民涌向Twitter，由此引爆发布新闻消息或宣传个人信息的网络狂潮。诚如Twitter公司总裁在接受采访时所说，无论是美联社，CNN还是任何其他新闻机构，都不能保证永远是最快的，而"我们要做的就是发现、收集并拓展这些突发新闻的来源"[1]。美国网络新闻学创始人丹·吉尔默在他的著作中写道："我们正在开启一个新闻业的黄金时代，但是这个新闻业不是我们所熟知的新闻业。媒体未来学家已经预言，到2021年，50%的新闻将由公众提供。"[2]随着互联网技术的进化，自媒体时代随之来临，Twitter、My Space、Facebook等社交网站的主流化，曾经辉煌的传统媒体遭遇四面楚歌，传媒新格局和传播新局面呼之欲出。在有关Facebook的使用与价值判断、社会互动的研究文献中被引用频次最高的一部文献中，作者的结论认为"许多使用者都能够通过与朋友保持联系得到使用与满足"[3]，这也足以说明微博客社交网站在传播新闻的同时，也能做到满足用户社交需求，活跃而庞大的社交网络更易形成强势舆论。由此，国内学者的研究也做出回应，呼吁传统媒体在新媒体舆论格局中要占领舆论先机。

法治类门户网站"正义网"曾发表研究文章《涵养理性舆论场，传统媒体仍需努力》指出，大多数传统媒体的从业者能够恪守新闻伦理、坚守公共责任，是我国民间舆论监督的主要力量和公众获取社会真切感知的重要信源。但这篇文章同时也指出，涵养理性的舆论场，仍然需要每一位媒体人继续努力。[4]张显峰在《传统媒体最大危机是忘了"读者"》中指出，传统媒体的危机，客观上是落后技术、落后渠道的危机，主观上则是落后内容的危机，而后者是根本。[5]传统媒体舆论场中存在着许多问题，传统媒体往往缺乏对新闻传播规律和受众需求的研究和尊重，固守传统的话语体系，以至于经常生产出受众不需要的内容；一些传统媒体从业者缺乏市场竞争意识，传统媒体人才队伍跟不上发展。针对在新媒体的冲击下传统媒体出现的问题，众多学者也提出了建议及办法，熊湘漪在《传统媒体发展新媒体的现状及出路》中提出，新媒体具有传播时效迅速、打破空间限制、拓展互动空间、给予个性服务和凝结丰富内容的特点[6]。徐琦在《浅析新媒体舆论场的趋向、突破与治理》中提出，新媒体舆论场正转向主流社交平台。从BBS论坛到门户网站，从博客到微博，再到新闻客户端、微信平台，迅猛成长的社交媒体在舆论场的生成与转移中发挥着日益重要的作用。[7]

微博舆论场是一个强势的新媒体舆论子场，可以快速传播信息并对舆论产生影响。黄江在《新闻传播》撰文，对微博舆论场进行了传播学解构，独创性地描述了微博舆论场的内涵、现状特征和引导建议。赵伟以一种综述的视角阐述了悲喜交加的微博舆论场，从多个事件以及多名学者的研究出发分别论证了乐观派和悲观派这两大阵营，粗略勾勒了微博舆论场。[8]刘海龙的文章《对微博舆论场的四个误读》，在某种程度上客观评价了微博这个新媒体及微博舆论场的影响，强调微博只是传播技术之一，我们不能赋予微博过多功能也不能对微博言论过度紧张。[9]

第二节　微博舆论场的概念与内涵

微博的鼻祖是国外的社交网站Twitter，其功能开始也只是用于好友之间的社交。在2006年底，Twitter对服务进行了改造和升级，成了打破好友社交局限的即时发送和接收信息的服务网站，迅速成长并受到了广大用户的拥趸。而国内的创业者王兴在2007年创立的饭否网是中国大陆地区第一个类似于Twitter的微博服务网站。随后，一些新的微博产品如雨后春笋般破土而出，如大围脖、Follow5、贫嘴、新浪微博、腾讯微博等，而新浪微博成了发展最快、最好的一家，2015年底新浪微博的官方数据显示，其微博用户已达到2.36亿。就学术概念而言，微博的定义大致有三种。第一种，主要是参考微博与博客的关系，认为微博是博客的一种或博客的一种变化形式，如维基百科对微博的定义。第二种，主要关注与微博本身的技术性因素，如百度百科对微博的定义。第三种，则是将微博的社交功能视为重心，如"微博也叫作'微型博客''即时博客'，是在web2.0时代下新发展起来的一种互联网社交服务，具有集成化、开放化的特点"[10]。

一、舆论场的概念与内涵

舆论成为人类社会文明的标志和进步的动力，恩格斯也曾说过世界历史进入了"舆论时代"。舆论的定义非常多样化，一种定义认为：舆论是指在一定社会范围内，消除个人意见差异，反映社会知觉和集合意见的多数人的共同意见。另一种定义认为：舆论是在特定的时间和空间里，公众对特定的社会公共事务公开表达的、基本一致的意见或态度。尽管对舆论的定义不尽相同，但"意见"始终是舆论的核心，是舆论的本体部分，舆论传播问题也就是意见流动问题。[11]"场"的概念最初源于物理学，以场域视角观之，人类的行为和社会关系会产生各种各样的场。在社会性传播领域，各种交流和传播会产生一个舆论的场域，即舆论场。舆论场是指包括若干相互刺激的因素，使许多人形成共同意见也即舆论的时空环境。同一空间人们的相邻密度与交往频率较高、空间的开放度较大、空间的感染力或程度较强，便可能在这一空间形成舆论场。无数个人的意见在"场"的作用下，经过多方面的交流、协调、组合、扬弃，会比一般环境下形成舆论场的速度要快，并有加速蔓延的趋势。这类开放、公开、平等而自由讨论的地方，是促成舆论形成和变动的重要空间。

目前，关于舆论场的分类较为多元，标准也不统一。按照群体分类，舆论场可以分为官方舆论场和民间舆论场。官方舆论场是在报刊、电视、广播、电台等传统媒体和新闻发布机制的基础上建立起来的，旨在宣传和解释党和政府的大政方针和社会主义核心价值观，主要反映官方（政府）的意志。民间舆论场则是依靠民众口耳相传，近来则依靠网络等手段，从自身的利益和情感出发，参与社会公共事务的讨论并表达意见而形成的舆论场，发出民众的声音。按照传播媒介分类，可以将舆论场分为媒体舆论场和口头舆论场。口头舆论场自古有之，人们关注一些共同领域、共同问题，从自身的感受出发，以口口相传的形式交流意见，形成口头舆论场。随着文字的发明和书写载体的出现，人们有了新的形式表达意见，舆论出现了新的载体，从竹简、丝帛到报纸、杂志、广播、电视等，这些载体逐渐发展成人们交流和沟通的直接媒介，人们通过这些方式形成媒体舆论，发展出媒体舆论场。按照传播载体分类，舆论场又可以分为传统媒体舆论场和网络舆论场。传统媒体舆论场是以报纸、杂志、广播、电视等传统媒体为依托，采用自上而下的方式宣传官方舆论而形成的舆论场。网络舆论场是在互联网上靠着信息数量的庞大而逐渐聚合起社会的巨大群体性舆论，主要是民间舆论而形成的网络舆论场。[12]

尽管舆论场的分类十分多元化，但有些舆论场是具有重合性的，例如，我们可以说网络舆论场几乎就是一个民间舆论场，而传统媒体舆论场则主要是官方舆论场。如若再进行细分的话，网络舆论场又包括微博舆论场、微信舆论场、端口舆论场等。文中涉及的微博舆论场，如无特殊说明，指涉的是公民个人微博形成的舆论场。

二、微博舆论场的概念与内涵

微博这一社交平台，使六度空间变成了五度空间甚至四度空间，提高了人们的交往频率，紧密了人们的联系。任何人都可以在微博上发表信息，表达思想或表明态度，并使自己的思想或态度得到传播。微博舆论就是公众在微博空间中对某个事件或某种社会现象、热点问题表达自己的意见或思想，并进行公开的讨论从而形成的具有一定影响力的多数人的意见。而微博舆论场就是借助这种微博舆论的生成与传播而形成的特定时空环境，但它并不是一个单一的时空结构，它其实是由"新媒介场""心理场""社会场"三部分交会而成。[13]心理场主要是由个体需要和其心理环境相互作用的关系所构成，社会场是指支撑社会存在的各种社会存在关系网络的结构，新媒介场则是由于新媒介技术而引起的时空环境的变化。所以，需要指出的是，微博舆论场往往不是传统主流文化的舆论场，而是一般大众诉求和传播民间意见、民间舆论的"民间舆论场"，它在信息把关、理性表达以及话题跟进等方面都与报纸、电视等传统媒体有所不同。

在微博舆论场这个众声喧哗的巨大舆论场中，既活跃着许多传统媒体官方微博、公众号，又活跃着许多拥有强大粉丝群的名人精英，还有数量庞大的一般网民，NGO组织与企业的官方微博也越来越多。所以，微博舆论场目前已经形成五种相互作用又相互区别的群体，即媒体微博群、网络意见领袖群、草根微博群、政府微博群和企业微博群。每个群体都代表着一定阶层的利益与意见取向，同时又与其他的群体保持着博弈与交融的互动关系。当一个网络热点事件发生后，媒体、网络意见领袖、政府和一般网民竞相发声，展开热烈的讨论，产生多种观点相互碰撞、多种意见相互交流，在复杂的微博交流互动中，共同推动微博舆情的发展演变。

因为微博越来越庞大的用户群以及即时性、便捷性、裂变式等传播特点，微博舆论的生成与演变越来越迅速，对中国社会的舆论传播格局也产生了越来越大的影响。微博舆论场正成为当今社会最重要的舆论场，各个群体都试图在微博舆论场占有立足之地，使自己发出的声音强而有力从而引导微博舆论，微博舆论场成为社会不同阶层传递声音与价值的"竞技场"。

第三节　微博舆论特征的多维观照

微博用户越来越多，微博舆论形成的速度越来越快，微博舆论场对社会发展的影响越来越大，我们有必要对微博舆论场进行分析，掌握舆论的发生机制与生成逻辑，以便在面对微博舆论场的强大影响力时有应对之策。对微博舆论场的特征进行研究，有助于我们了解微博舆论场的现状并预测它的发展趋势，为舆论引导与治理提出合理的建议。

一、舆论形成速度快，舆情量级新突破

从媒介的可使用程度来看，微博的使用方法非常简单且方便。微博用户只需要注册一个账号并具备识字、写字能力就可以在微博上发布消息了，甚至可以通过相关联的其他软件账号直接登录而省去注册账号这一步骤，即使是对新技术掌握较慢的人也能迅速具备使用微博的能力。在微博上，用户不需要具有精湛的写作技巧，也不需要长篇大论，每条微博哪怕是短小精悍的几句话，甚至几个字，更易于信息的阅读和传播。

从内容的呈现形式来看，微博已经富媒体化，用户可以传播文字、图

片、声音、视频等多种形式的信息，甚至可以使用文字加图片、文字加视频等组合方式发布消息，比任何传统媒介的传播方式都要丰富，更具有吸引力，更容易引起关注和引发传播。

从技术手段来看，微博具有关注、点赞、评论、转发等功能。用户只需编辑好内容，然后点击发布，就实现了一条消息的产生，非常便捷。用户也可利用点赞、评论等功能，实现与"粉丝"的互动，即实现信息反馈。用户还可以使用关注、搜索等功能，及时获得信息，了解到自己在传统现实中很难了解到的信息。

从信息的传播过程来看，微博作为即时网络的典型应用，充分体现了即时的特点，即信息的生产、传播和反馈过程都几乎实现了"零时间"。从信息的生产过程来看，生产的内容往往为一句话，点击发布即可完成，信息发送简便快速。从信息的反馈过程来看，通过点赞、评论或私聊等功能，传播者可以迅速接收到接受者的反馈。

以上的几个方面，都充分体现了微博传播的即时性、便捷性特点，正因如此，微博舆论的生成与演变更快捷、更迅速，初现舆情的"2小时全爆发"和"10亿量级"等新特征。例如，2016年4月4日，有一位微博ID为弯弯的博主发出了一条微博，讲述了自己4月3日在北京望京798和颐酒店所遭受的令人心寒的事故。这一微博因为大量段子手转发，发帖量超过10亿，两个小时之内成为全国性公共事件，舆论发酵速度再次被刷新。

二、舆论主体平民化，公众参与意识增强

人作为群居动物，有自然传递信息的本能。微博的富媒体化，将多种形式的信息传播集于一身，公众参与门槛再次降低。草根群体利用拍视频、拍照等方式在微博上记录生活，传播体验，见证突发事件，参与公共生活，使微博成为一种新的舆情发生机制。随着微博V6版本的不断推广和优化，用户在微博平台上的行为不断丰富，体验不断升级，评论、转发、点赞、打赏等功能极大程度地满足了用户的社交体验。微博数据中心发布的《2014年微博用户发展报告》显示，用户所发布的微博博文形式多种多样，在每日用户发布的所有博文中，有69%是带有图片内容的，有8.6%的博文含有短链接

内容。[14]由"新浪科技"发布的《新浪2016年Q1财报》显示，一季度微博日均视频播放量为4.7亿次，同比增长489%。[15]也就是说，现在，越来越多的微博用户可以通过发表图片、视频、长微博等，来支持某种舆论，扩大这种舆论的影响力，并且这几种形式都是有效且引爆舆论的。

与此同时，科学技术的发展和人们受教育水平的提高，为越来越多的普通大众成为微博用户提供了条件。2016年1月，中国互联网络信息中心发布了第37次《中国互联网络发展状况统计报告》，内容显示：截至2015年12月，中国网民规模达6.88亿，互联网普及率达到50.3%，过半数中国人已经接入互联网。该报告中还提到，我国手机网民规模达6.2亿，使用手机上网的人群占网民总数的90.1%。[16]目前，我国的网络基础设施正在逐步完善，移动网络的速度也在逐步提高，通过WiFi接入互联网的超过九成。

微博作为一种网络社交平台，有一个很强大的特点就是便捷性，其信息发布简单快速，传播速度也快。微博用户只需写出只言片语的简单内容，甚至只拍摄一张图片或一个视频，点击发布即可完成，对用户的技术要求很低。微博还具有公开性的特点，使用微博的任何人都可以在这一平台上表达自己的观点，为个人言论的发表提供了充足的自由空间，突破了传统媒体平台普通用户难以接近的屏障，吸引了更多普通用户的参与，刺激了他们的创作或表达欲望。相较于传统媒体舆论场以媒体和精英为主体甚至全部，微博舆论场的主体更加平民化。

2016年3月，微博发布了2015年第四季度及全年财报。在用户数方面，截至2015年第四季度末，微博的月活跃用户数达到了2.36亿，日活跃用户数达到了1.06亿，其中普通用户占活跃用户总数的96%，达人用户占3%，认证用户仅占1%。[17]这也就是说微博上普通用户几乎占据了活跃用户的总数，而达人用户与认证用户不足普通用户的5%，这些数据更进一步证明了在微博舆论场中平民占据主体。

三、名人左右舆论，导致病毒式传播

名人指的是某些领域中的著名人物或集体。而著名人物往往会对普通人有特殊的影响力，微博中的名人微博就易对微博中的普通用户产生影响，因

为名人往往会引起"名人效应"。所谓"名人效应"，是指名人的出现所造成的引人注意、强化事物、扩大影响的效应，或也指人们想要模仿名人的心理现象。[18]当名人发表、转发或评论某一社会热点事件时，由于他们自身一呼百应的号召力和影响力，以及群体之间的联结与对立可以迅速点燃舆论场的热情，导致信息的病毒式传播与扩散。

而名人微博正是名人、精英等舆论领袖发表观点、影响舆论的阵地。基于现实社会中的知名度和影响力，名人在微博上也易受到广泛关注，拥有巨量级的粉丝。截至2019年5月21日，微博上拥有最多粉丝量的代表性人物是知名女主持人谢娜，有1.2亿多人关注了她，并且这个数量还在增加。微博的评论和转发功能，使名人微博更大程度地发挥了对舆论的影响力。名人精英在微博上发表言论或观点，瞬间就能发送到几十万、几百万甚至几千万"粉丝"的主页上，轻轻松松就能引来很多人的围观、评论或转发，所以名人精英更易左右舆论。

在2016年的和颐酒店女生遇袭事件中，离受害人弯弯发出控诉和颐酒店的微博过去20小时后，她的微博只有249个转发和48条评论。而经拥有超过556万"粉丝"的微博博主"所长别开枪是我"转发并加评论后，很快其微博就被转发了7万多次，并在此后的两个小时内引发了多个"粉丝"过百万的微博大V的转发、评论，再经各自"粉丝"的转发后，这一事件变成了一个新的热点话题。由此可见，名人微博对微博舆论的影响力和引导能力是绝对超过普通用户的。普通用户往往易跟随名人微博而去关注某一事件，并通过转发等方式去支持某种言论或观点，从而形成一种舆论，推动此事件向某一方向发展。

四、微博舆论场内对立性、冲突性强

众所周知，民间话语与官方话语一直存在着互动与博弈现象，而在自媒体时代，这种现象更加突出。我们已知微博这个自媒体平台，具有传播主体平民化、传播方式更便捷、传播效率更即时、互动反馈更方便等特点，公众可以通过微博参与公共事务，表达自己的意见，甚至具有左右特定事件走向的能力。由此可以看出，微博已经影响了当今社会的言论格局，对民间话语

与官方话语的表达都产生了影响，同时也为民间舆论与政府舆论的对立与冲突提供了条件。

微博传播的特点给民间话语的表达拓宽了渠道和影响力：微博扩大了公民行使话语权、表达权、知情权、参与权和监督权的空间，开拓了公民维权的新渠道，使民意诉求更易得到关注和传播，从某种程度上对权力部门可以起到监督作用。但同时也正是随着民间话语表达能力的增强，某些政府意志宣传与民意的冲突性、对立性显现出来：虚假、负面信息的泛滥危害社会安定，政府维护社会秩序与稳定的难度加大；过重的舆论压力对政府权力的有序行使以及司法独立产生侵犯；信息的公开程度不能满足公众需求，使政府公信力下降；大众跳过正规维权机制而采用制造微博舆论的方式维权。民间话语表达能力的提高和影响力的增强，使民间微博舆论更易形成和传播，使微博上民间舆论与政府舆论的冲突显现。

2016年2月28日，国家互联网信息办公室责令新浪、腾讯等网站依法依规关闭任某微博账号。国家网信办发言人姜军发表谈话称，据网民举报，任某微博账号持续公开发布违法信息，影响恶劣，因此网信办责令关闭任某微博账号。随后，这一事件引发了讨论，产生了民间舆论与政府舆论的冲突。

再看2016年5月9日发生的雷某案，由于某些原因此事件更大程度地激起了民间舆论与政府舆论的冲突。雷某在涉嫌嫖娼后被警察抓捕带回的途中死亡，信息公开的程度不足与不及时使家属和大众燃起了怒火，纷纷质疑警方的做法，事件持续发酵导致了民间舆论与官方舆论更激烈的冲突，并且使这种冲突达到了"舆论战"的高度。

第四节　微博舆论的现状与问题

随着技术的进步，微博的功能不断优化，体验感不断升级，用户也越来越多，并呈现连续增长的态势。中国的舆论场主要为官方和民间两种，在微博这样一个公开、自由、可接近的平台上，微博舆论场往往是由普通民众构成的民间舆论场，而不是传统意义上大多代表官方主办的主流媒体所形成的官方舆论场。这样的一个人人可以发声的微博舆论场，对民意的表达具有重要的意义，但同时也因为它的自由和开放，容易产生一些不可控的问题，对舆论引导与舆论治理提出了新的挑战。

一、平民话语，消解舆论"垄断"

在新媒体兴盛之前，传统媒体通常是专业性、单向性的传播，"集中"表达和"精英"话语占据主导地位，普通民众不太容易获得话语表达的权利，也比较难获得"传媒接近权"。在这种情况下，传统媒体从某种角度来说成了话语的"集中控制者"和信息的"垄断者"，这样，普通民众即使在面对与自己利益相关的问题时，因为没有"麦克风"而不得不保持沉默。而随着互联网的发展和微时代的到来，一个更加开放的、自由的多元化新世界呈现在大众面前，激发了他们的自我表达欲望和自我权利意识。而微博彻底击溃了传统媒体的"垄断性"，使人人都有表达自我的欲望和机会。它的诞生顺应了时代潮流，满足了大众需求，对社会的发展具有重要意义。

新闻学者喻国明教授说："微博可以产生'核裂变'效应，形成信息的高速大范围传播，它可以让每个人都发挥过去只有媒体能发挥的作用。"[19]这句话强调了微博是一个自媒体，人人享有"媒介接近权"，也认可了微博在信息传播方面所展示的强大力量。微博使传播者和接受者的界线变得模糊，微博上的用户可以既是传播者又是信息的接受者，他们可以将自己的意见或思想及时表达出来或者对某些信息做出反馈。除此之外，传统媒体也逐渐受到普通民众的影响，它们不得不被动转型，"直通"民意，以此来维持自己的阅读量和吸引力，改变了媒体的"单向性思维"。

微博空前拓展了平民话语表达的空间，它的低门槛进入方式和传播的高效率使政府更容易了解民意，至少能快速了解到一部分民意。2010年"微博元年"的微博问政，就是民众利用微博来表达民意、传达信息的一个良好案例。除此之外，用户还可以在微博上进行"曝光"，以此来对政府部门进行监督并通过形成舆论等方式间接促使政府或相关部门改进工作，提高效率。总之，微博可以使民意得到表达，也可以使政府受到监督，对社会的健康发展具有重要的促进作用。

在微博这个信息汇集的平台上，在"核裂变式"的传播模式下，每个民众都有可能成为舆论的中心，对舆论场产生影响。或许并不是每个人的话语都能引起广泛关注，至少微博提供了这种可能性。在和颐酒店女生遇袭事件中，当事人弯弯一度成为舆论的中心，而她也只不过是一个普通大众而已。微博为平民提供了话语表达的机会，使平民不得不沉默的局面一去不复返，微博舆论场的平民话语释放出了巨大的能量。

二、谣言泛滥，真实信息匮乏

谣言是指被捏造出来的、没有相应事实根据并以一定手段进行传播的言论。在未明示或暗示受众虚构的情况下，捏造及传播与事实不相符甚至相反的言论就是造谣。微博谣言就是指没有事实根据、被捏造出来的在微博平台进行传播的信息。流言指的是广为流传或无根据来源的说法。微博流言就是指在微博上广为流传的或无根据来源却得以传播的信息。基于微博的时效性和开放性，笔者在此处将微博流言归入微博谣言的范畴。多次发生的谣言案例如"金庸去世""盐价飙升""最毒后妈"等，使我们不得不承认，微博在某种程度上已经成为谣言滋生的温床，并使谣言得以快速传播。

目前，我国的互联网监管机制还没有健全，这给一些不怀好意或别有用心的网络水军提供了传播虚假消息的机会，甚至某些谣言还利用实名制来证明自己的真实性。传统媒体的把关人通常是具有专业素质的精英，他们通常可以对信息的真实性做出判断，只发布真实信息。而微博时代，人人都有自媒体，人人都是信息源，传统意义上的把关人力量被弱化，普通大众成为信息发布阶段的把关人，他们往往没有专业的素质或缺乏专业精神，难以准确判断信息的真假，成为谣言流出的一种原因。微博的低门槛性、便捷性、时效性使微博信息数量大大增加，也使得信息的监管难度增大，不能及时有效监控所有用户，也无法过滤所有信息，这使得谣言的传播有机可乘。另外，微博难以追究责任也是谣言滋生的一个原因，在微博上即使说错话也几乎不会受到惩罚，很多人往往因为利益的诱惑而以身试法。

中国传媒大学互联网信息研究院在2015年发布的《新媒体蓝皮书》的调

查显示，有近六成的假新闻首发于微博。面对新媒体迅速发展的压力，并随着专业精神的流失，许多处于转型期或转型之后的传统媒体迫不及待地要吸引受众，导致盲目追求抓人眼球的效果而忽略了新闻的真实性，使其微博上的假新闻数量多于传统媒介上的数量。除媒体外，也有很多普通用户出于圈粉、出名或金钱利益等目的，利用大众的猎奇心理，发布一些耸人听闻或千奇百怪的假消息，以此来获得关注。获得关注的同时，谣言也散播了出去。

抓人眼球的假新闻、假消息都容易使用户被操控，形成某种舆论和情绪，做出不利于社会发展的事情。2016年5月16日，环球网发布了大陆赠台大熊猫"团团"得犬瘟热死亡的新闻，引发了微博网友的大量关注，随后台媒证明"团团"一家好好地待在动物园里，并未死亡，证明了这是一则假新闻。众所周知，我国大陆与台湾的关系比较敏感，这则假新闻如被有心人利用，有可能引发民众的激烈情绪，造成不可预估的后果。

三、多元博弈，舆论众声喧哗

随着微博用户越来越多，裂变式、即时性的传播模式使微博形成舆论的速度越来越快，对中国社会的舆论传播格局具有越来越大的影响，微博舆论场已经成为当下最重要的舆论场之一。正因为它如此重要，所以各博主们都想在微博舆论场有一席之地，这就出现了多元博弈现象。

正如前面所说，微博舆论场的主体逐渐平民化，平民话语的表达变得更加充分，但正因如此产生了平民话语表达与微博治理之争。微博在赋予平民表达权利的同时激发了他们的权利意识和参与意识——他们往往热衷于关注和参与某一事件的发展，在微博上发布自己希望事件如何发展的言论，形成"沉默的螺旋"效应。如"天津塘沽爆炸"事件，大量网友希望官方及早公布真实的伤亡数据等内容，而官方往往有自己的办事方式，不希望受到民众的干扰。

精英文化与大众文化、精英话语权与草根话语权之争一直都存在。在传统媒介时代，精英掌握相对主导的话语权，精英文化也占据相对主导的地位，难以获得话语权的草根不能将大众文化加以大力推广。随着新媒体时代的到来，尤其是微博这一自媒体的出现使普通大众获得了发声的机会，从而有利于推广大众文化，而精英们通常因不能接受大众文化而产生抗拒心理，于是就开始了博弈。例如，微博上会有用户发布恶搞图片、恶搞表情包、恶搞视频等，普通大众往往会追随这些东西，而精英们通常表达反对的声音，认为恶搞过于低俗。

微博的"零进入壁垒"、民主化特性，使其成了引导舆论的有力渠道。每个人都可以在微博上发表言论，并且言论具有隐匿性。微博成了民众发泄情绪的途径，同时也呈现出了真伪混杂、正负面信息强烈碰撞、良莠价值观激烈冲突的特点，海量信息的流动甚至掺杂谣言和煽动[20]。由此看出，真实与虚假、正能量与负能量、高尚与低俗的博弈也充斥于微博舆论场中。

四、理性黑洞，舆论跟风与极化

据百度百科的解释，"跟风"一词，从广义上讲，是指学习、跟随一种风尚或者潮流，是一个中性词；从狭义上讲，是指不管是否切合实际，只一味盲目地跟随潮流，是一个贬义词。通常情况下，我们都是把"跟风"当作一个贬义词来使用，指没有或者缺乏自己的主见，不经过仔细思考，就盲目跟随突然盛行起来的东西，盲目参与、学习、模仿潮流，从某种程度上来说是一种价值观的缺失。跟风现象的出现，是多元文化格局中主流文化引导能力弱化的一种表现，而作为自媒体平台的微博，这种现象更加严重，主要表现为言论、观点的跟风，盲目追随别人的观点，从而形成一种舆论导向，而通常这种舆论缺乏理性，不适宜传播。

微博上跟风现象严重，有一部分原因是现实中跟风的人也跟风上微博，而这些人往往有一个共同点就是没有自己的观点，只会人云亦云，活跃于微博时，通常也不会花很多时间去读书和思考。他们忽略了充实自己头脑和思想的有效途径，根本提不出什么高深的见地，语言能力也捉襟见肘，而又急于对每一个热门事件都做出自认为充满智慧和激情的评论，期待获得别人的赞扬和追捧，以满足自己虚伪的幸福感。于是，他们开始抄袭别人的观点和论调，把那些他们认为好的观点稍加润色或者直接复制粘贴后，发布于微博来显示自己对某一事件的"非凡见解"。事实上，真正有见地的人所发的观点往往客观又有理可循，而一些经过"加工"的言论标榜语言犀利以吸引关注，却通常是言辞偏激、偏见横生甚至是由虚假消息构成的。所以这样的言论所形成的舆论导向通常有不理性、负能量及坏影响等特点，给正确的舆论引导造成了困扰。

现在很多人每天必做的事情就是刷微博——刷微博已经成为一种习惯。而现在的微博充满了大量的负能量，很多言论三观都扭曲了，讨论的已经不是主题，取而代之的是"口水战"，不理性的舆论导向影响也越来越大，这就使那些不会独立思考、缺乏主见的人更易受到影响，从而进一步提高了舆论引导的难度，形成一个恶性循环。如若不加以治理，负面影响恐怕会越来越大。

五、道德绑架，舆论偏离轨道

"道德绑架"是指站在道德的制高点上，以看似道德的逻辑去约束或规范他人的行为——以道德为筹码，要求个人或群体不得不做出某种行为或事情。在某些情况下，"正义绑架"也属于"道德绑架"的一种，"正义绑架"即以正义的名义要求他人做出某种行为或事情。尤其在负面舆论事件中，为弱者、受害者发声，这是舆情强化道德感的表现。但部分人站在道德制高点上，以近乎圣人的要求批判涉事者，将其错误上升到原则问题、人性问题，以俯视的姿态揭发道德崩塌的现象，往往导致舆论偏移。

近几年发生的让座事件再起风波，这一次场景转换到了动车上。四川达州八旬老人李某坐动车到成都看病，因只买到从达州到营山的座票，老人在南充站被座位的主人请了起来，老人女儿恳请挤一挤被拒，之后一中年男子让了座，老人女儿说：年轻人应该多学学。座位主人委屈回道：坐自己位置错了吗？回溯以往的让座风波，舆论几乎一边倒地选择了弱者，对未让座者进行轮番的"道德轰炸"，而这次老人的女儿似乎也试图对座位主人进行道德绑架。尊老爱幼、相互谦让是中华民族的传统美德，可往往就是有一些不怀好意的人利用这些美德强迫他人，如各大社交平台上常见的"不转发不是中国人""不转发死全家"等内容。众多网友都表示，看到这些信息不转发心里感到不安，转发了又感觉很反感。2016年3月，腾讯方面已经对相关行为或内容做出了举报、封号、信息拦截等处罚，以期减少道德绑架内容的传播。而新浪微博方面并没有出台针对这类信息的处理方案，类似的这种标题仍随处可见，仍在刺激着用户的感官，引起公众的反感情绪。

第五节　微博舆论的治理与走向

毋庸讳言，微博舆论场是一把双刃剑，一方面，它为平民提供话语权，为信息的传播和接受提供更好的渠道，信息传播速度变得更快；另一方面，它造成了谣言泛滥，产生了多元博弈现象，不利于舆论场的健康发展。因此，在今后的新媒体时代，微博这一时空环境仍有可提升的空间，微博舆论场的治理还需要全社会集体智慧的参与。

一、加大信息公开力度，积极引导微博舆论

某些微博谣言产生的原因，一方面是大众对信息的迫切渴望，另一方面是公开信息发布不够及时，大众渴望而又不能获得真实信息，这就使虚假信息有了可乘之机。在面对微博对舆论场的强大影响时，政府等相关职能部门与人员应积极参与，在微博舆论场中与博友互动，及时了解微博舆论走向，并扮演好积极引导正确舆论的角色。政府部门这样做，也有利于树立亲民为民的形象，获得更多大众的信任，从而产生更积极的影响。在微博用户越来越多、微博影响力越来越大的时代，政务微博雨后春笋般上线运行，"微博问政"已经成为推动政府和人民沟通的重要途径，也是人民获得官方信息、政府了解民意的重要渠道。

在微博上引导舆论时，相关政府部门要在一定程度上放下思想包袱，在看到与政府部门"唱反调"的言论同时，也要看到支持的言论、正面的言论。政府部门不能将所有的微博舆情都看作"洪水猛兽"，不宜采取封、堵的方式来试图控制舆情的发展。政府部门在运营政务微博时，首先，在思想上应该切实认识到信息公开对微博政务的重要意义，并在实际操作中把信息公开落到实处，这是获得大众支持，提高权威性、可信度和提升舆论引导能力、影响力的关键之处；其次，为了政务微博的长远发展，所有部门都应掌

握新媒体的传播方式，并加快有关政府微博信息发布与处理公共关系的体制、机制建设，组建专门负责政务微博发布的队伍，构建网络舆情信息监测体系；再次，在传播内容上，各级各类政务微博要根据自己的部门特点做出所属领域的特色，并采用图片、视频、链接、长微博等多种形式发布信息，达到提振博友兴趣的目的；最后，在传播技巧上，政务微博可以放下包袱，积极向草根知名博主学习，学习他们的叙述方法和与"粉丝"沟通的技巧，从而使博文更易贴近广大微博用户的心理。

在通过以上几种方式加强微博舆论引导能力的同时，政府部门也应加强对微博海量信息的监测和监管，达到过滤虚假信息和不怀好意的煽动言论的目的。在这方面，政府可以通过与微博合作的方式，如ID为"微博辟谣"的辟谣博主及微博与公安部合作出台的"全国辟谣平台"都是政府与微博合作并利用广大网友的力量来进行辟谣的典范平台。政府也可尝试在对信息进行监测的基础上建立一个自动辟谣机制，2016年1月清华大学曾研究试图建立自动辟谣机制的有关框架，只不过并未成形，政府可据此进行研究。笔者相信，在全民微博的时代，政务微博在微博舆论场中的作用会越来越大。

二、构建舆论监管体系，加强网络安全立法

随着微博信息和微博用户的暴涨，虚假信息数量也随之泛滥，大众受到负面影响的可能性也增加，加强信息监管刻不容缓。加强信息监管，不只是政府应该做的事情，微博团队、媒体人、社会精英乃至所有人都应该肩负起相应的责任。正如前面所说，政府可以尝试建立自动辟谣机制来澄清谣言，除此之外，还可以设立"微博警察"，排查有关社会事件的信息或言论。微博团队在运营微博时，也应及时对微博舆论发生、发展过程中的信息加以鉴别。到目前为止，微博运营团队已经有了某些处理标准和案例。他们在针对某些问题微博用户时，会采取限制功能使用、删帖、封号等强制手段，阻止问题信息的流出。在面对虚假信息或被操控的舆论时，微博团队通过经营的官方微博账号和运行的舆情监测系统，及时发现问题，并及时发布权威信息，阻止消极影响的进一步扩大。微博团队还鼓励广大用户进行实名认证，并与多方软件进行合作，争取明确用户身份的安全性，以此更方便进行信息监管。相关媒体人毕竟是具有专业素养的精英阶层并且对社会负有一定的责任感，他们在面对消息或新闻时，会对信息真假进行甄别，并会在自己的微博对虚假信息进行澄清说明，以引导博友看清事实真相，保持理性言行。

在加强信息监管的基础上，有关微博信息传播的法律、法规也应建立并完善。"法律的存在能帮助预防不道德和破坏行为，法律作为道德规范的基准，使得大部分人能在此道德范围内进行他们的活动。没有界限，就很难确保没有影响和侵犯别人的情况。"[21]由于微博传播存在着不少缺陷，通过立法的形式对其加以规范已显得迫在眉睫。目前，我国还没有针对微博中出现的问题建立相关的法律法规，但可根据《宪法》《互联网信息服务管理办法》《中国公共互联网管理办法》等法律法规的部分条款对微博进行管理。但这些法律法规毕竟不具有针对性，在面对微博传播出现的新问题时可操作性不强，因此应建立有关微博的规章制度和法律条例，明确各部门、企业、个人在微博上的权利、义务和法律责任，保障微博的健康发展和舆论场的有效运行。

三、传统媒体传播主流价值，积极引导舆论

在自媒体时代，新媒体正以其强大的传播功能，影响着传媒格局和传播秩序，推动着传统媒体的转型。在这样的背景下，有人认为传统的新闻媒体必定会被微博等新媒体取代，其实不然。以报刊为主的传统媒体，仍然具有较高的威信力和权威性，且有责任大力倡导社会主流价值观，营造健康、向上、崇高的舆论氛围，防止部分人群社会价值观扭曲和价值观虚无。

传统媒体可以在微博上发表有关热点事件的新闻评论，表明自己的态度和立场，并通过这种方式引导大众正确分析新闻事件和解释社会现象。传统媒体具有了解热点事件的途径和方法，可以及时了解事件的发展，辨别信息的真假，在官博上发布有关消息来澄清谣言或假新闻，使博友获得真实信息，减少负面影响。主流媒体的官博或一些专业媒体人的微博账号可以发挥观点供给的作用，在热点事件发生后多发表一些有利于观众正确看待事件的

观点或发表客观公正评价事件的观点，以此来减少偏激言论或歪曲事实的舆论出现。传统媒体还可以通过微博发挥议程设置作用，不仅可以引导博友"想什么"，还可以通过新闻评论等方式引导网民"怎么想"，来引导正确的主流舆论。从事传统媒体微博运营工作的往往是具有专业素养的新闻工作者，这些媒体人应该充分发扬专业精神，证实消息或证伪谣言，或者从源头处、从根本上控制假新闻的出现，以此来创造更好的微博舆论环境。

传统媒体还要在微博上推广正确的网络道德，在微博的互动中，要引导公众独立思考问题的本质，深入了解事件全貌，做到理性发言、理智讨论；要关注意见领袖的发言，鼓励他们尽可能在自己熟悉的领域的有关话题上发表独到的见解和有深度的意见，做到言之有物、言之有理；要引导和鼓励公众学习、了解国家的法律法规、方针政策，做到合法、合理发言；要发挥模范带头作用，鼓励大家尊重他人的发言权与表达权，反对话语霸权。除此之外，主流媒体还要着重发挥培养主流意见领袖的便利性，要使媒体的意见领袖在政治素质上稳重合格，在专业业务水平上扎实过硬，使他们在舆论话语中广受欢迎，具有比较强的舆论研判和引导能力。[22]他们在微博上的有效发言将极大地促进舆论场的健康发展，将会对微博舆论的理性化、积极性产生正面影响。

四、微博用户强化自律意识，传播理性声音

正所谓，有什么样的网民，就有什么样的网络。如果我们把微博当作传播信息、交流观点、思想碰撞、讨论事件的自由国度，则博友素质的优劣，决定着微博的善恶。在越来越大的影响力面前，微博的长处与短处，都不能小觑。博客之父方兴东在谈到博客时认为，博客出现的种种问题，应该可以通过自律的方式加以解决。自律，是指遵循法律并以此为基础而进行的自我约束，是一种规范自身的手段。微博的约束，也更多地倾向于自律。自律在微博的监管机制中起着最基础但也是最有效的作用。

有一大批人不主张进行微博立法，认为对微博立法会限制话语自由，影响中国微博的发展。但是，他们极力主张通过道德自律的方式来解决微博发展中出现的问题。因为，道德是通过人内心的自我约束力来规范人的行为，而增强人们在微博空间的自我约束力有利于减少和防范违反法律、违背道德的行为发生。譬如，早在2010年2月河北省石家庄市就曾举办过博友签署《博客圈自律公约》的活动，活动中有一万多名博友签署了该公约，这正是博友们支持自律的一种表现。再比如，新浪微博的网友自律公约：网友发言要文明、理智、反映客观事实；网友可积极参与举报不良信息，共同营造文明氛围；网友发布内容不辱骂他人，不进行人身攻击等，不传谣、不造谣，对所有传播信息负责。虽然其约束力还有待考量，但至少是网友们和业内同人努力的结果。

目前，微博舆论场主体越来越平民化，大众在表达自己的观点、传达自己的思想时，容易出现强势舆论打压弱势舆论，"沉默的螺旋"现象日趋严重，也容易出现持偏执意见的人煽风点火等现象。这就需要微博用户加强自律，发表积极健康的言论，通过合理方式传达思想。并且，大众应主动在微博秉持社会责任感，明确每个人应承担的社会责任，减少因微博免责性强而出现的任意谩骂、诋毁、抄袭等现象。此外，公众的能力即媒介素养对舆论场的建构也有很大影响，他们能否做到在了解事件全貌之后再发言、能否做到独立思考并发表独特见解而不是盲目跟风及能否做到尊重他人的话语权而不是霸占话语权对微博舆论场的建构产生影响。据2015年的新浪《微博用户发展报告》显示，拥有大学以上高等学历的用户是微博的主力用户，占比高达76%。清华大学曾对微博谣言进行研究，大部分谣言影响力较小且会在一周之内被用户举报并辟谣。由此可见，大部分微博用户都具备正确处理微博信息并加强自律的能力，相信在政府和用户的努力下，在中华民族传统道德的基础上构建起良好的网络道德体系不是空想。

五、打通不同舆论场，实现共识最大化

目前，我国的舆论场主要分为传统舆论场、网络舆论场和民间舆论场。其中，民间舆论场又可以分为微博舆论场、微信舆论场等子舆论场。依托移动互联网的自媒体的产生和发展，极大地壮大了民间舆论场，改变了舆论场的格局。民间舆论场的代表性媒介是微博、微信，而官方舆论场的主要依托媒介仍是传统主流媒体。也就是说，民间舆论场已经与传统舆论场相联通，而传统舆论场依托传统媒体的垄断性优势与民间舆论场的微博、微信保持着一定的距离。虽然民间舆论场中的一些混乱现象也引发了传统媒体的持续介入，但在自办的微博舆论场中的发言仍较少，话语方式相对僵化，影响力不大，打通多个舆论场仍需努力。

要打通这几个舆论场，可以将微博舆论场作为手段和中介。主流媒体可以依靠其公信力和权威性，通过自办微博实现信息传播以发挥其舆论影响力，实现官方政策信息与民意的水乳交融。主流媒体可以通过微博这一开放式平台，集成各种新闻资源，实现"一站式"的运营，继续保持其品牌影响力和舆论引导力。主流媒体要想成功打进民间舆论场，必须颠覆以往传统的传播方式。其一，主流媒体微博发布、评论和转发的内容，必须在弘扬社会主义核心价值观的同时兼顾舆论引导艺术，并注重新媒体的时效性和趣味性。其二，主流媒体在发挥议程设置功能时必须充分与网络舆情互动，通过舆论热点和受众关注度来决定设置的议程。其三，主流媒体必须改变以往"是什么"的叙述方式，不能像以往的"新华体""人民体"那样严肃，也不能像"咆哮体"那样随意，应体现出鲜明的语言风格。

同时，发布新闻仍是主流媒体的主要内容，而"微博新闻"也是主流媒体成功打入民间舆论场的重要中介。主流媒体微博应成为规范化的"微博新闻"领跑者，尤其应该在捍卫真实性、杜绝假新闻和避免假沟通等方面做出榜样。"微博新闻"除了遵守一般的写作规范，还应充分与微博传播特点相结合，应更加简短、单位信息量更大、更引人注意，还可以配以图片、视频、短链接等传播形式。如果主流媒体可以做到以上几点，那么主流媒体舆论场与微博舆论场、民间舆论场的无缝连接和无障碍沟通则指日可待。

手机的智能化和社交平台的联通，使得全球视野下的社会运动进入新阶段。在微博舆论场中，具有共同利益诉求的用户很快成为好友并聚集成临时群体，他们充分表达群体诉求的愿望，在舆论领袖的参与和组织下，舆情表现出从线上到线下的趋势。与传统社会运动不同，新媒体时代的社会运动集结速度更快，舆论瞬间引爆，容易引发冲突情绪和安全问题，加剧社会对立和加速激化矛盾，因而对舆论治理提出了更高的要求，全社会更期待微博舆论场的风清气正，为社会共识的培育提供源头活水。

参考文献：

［1］LAURA OLIVER. Twitter news channel plans online expansion［EB/OL］．（2009-02-02）［2019-06-02］．http：//www.journalism.co.uk/ 5/ articles/ 533390.php.2.Feb.2009.

［2］DAN GILLMOR. We the media：grassroots journalism by the people，for the people［M］.Sebastopol，CA：O'Reilly Media Inc.,2004.

［3］RAACKE J，BONDS-RAACKE J. My space and facebook：applying the uses and gratifications theory to exploring friend-networking sites［J］.Cyberpsychology & Behavior，2008，11（2）．

［4］侯文昌.涵养理性舆论场 传统媒体仍需努力［EB/OL］.（2013-05-20）［2019-06-19］.http：//www.jcrb.com/IPO/yqyj/201305/t20130520_1114308.html.

［5］张显峰.传统媒体最大危机是忘了"读者"［J］.新闻与写作，2016，3: 74-76.

［6］熊湘漪.传统媒体发展新媒体的现状及出路［J］.经济与社会发展，2012，7: 114.

［7］徐琦.浅析新媒体舆论场的趋向、突破与治理［J］.新闻研究导刊，2013，11: 48.

［8］赵伟.悲喜交加的微博舆论场——一种综述的视角［M］.北京：中国传媒大学出版社，2012: 16.

［9］刘海龙.对微博舆论场的四个误读［J］.人民论坛，2012，6: 22-23.

［10］张斯琦.微博文化研究［D］.吉林：吉林大学，2012: 16.

［11］MBA智库百科.舆论［EB/OL］.［2019-06-19］http：//wiki.mbalib.com/ wiki/舆论.

［12］王国华，等.论舆论场及其分化问题［J］.情报杂志，2012，8: 1-4.

［13］王艺.对微博舆论场的传播学解构——以"温州动车事故"的微博传播为例［J］.新闻界，2012，1: 6-9.

［14］微博数据中心.2014年微博用户发展报告［EB/OL］.（2015-01-27）

[2019-06-19].http://data.weibo.com/report/reportDetail？id=215.

[15]新浪科技.微博2016年Q1财报[EB/OL].（2016-05-12）[2019-06-19].http://tech.sina.com.cn/i/2016-05-12/doc-ifxsenvm0294013.shtml.

[16]中国互联网络信息中心.第37次中国互联网络发展状况统计报告[EB/OL].（2016-01-22）[2019-06-19].http://www.cnnic.cn/hlwfzyj/hlwxzbg/hlwtjbg/.

[17]微博数据中心.2015年微博用户发展报告[EB/OL].（2015-12-21）[2019-06-19].http://data.weibo.com/report/reportDetail？id=304.

[18]赵新.浅析名人微博影响舆论的原理与模式[J].现代视听，2011，8:64-66.

[19]殷俊，何芳.微博在我国的传播现状及传播特征分析[J].河南大学学报（社会科学版），2011，3:124-129.

[20]江琴.多元博弈：微博舆论场中的言论自由与社会效应[J].内蒙古农业大学学报（社会科学版），2012，4:270-271.

[21]尼尔·巴雷特.数字化犯罪[M].郝海洋，译.沈阳：辽宁教育出版社，1998.

[22]赵文晶，刘军宏.微博舆论引导策略研究[J].中国出版，2011，12:12-13.

第七章 新媒体"舆论绑架"与协调机制

第一节 "舆论绑架"文献综述

一、国外研究现状简述

当前，外国学者对微博舆论的研究多采取实证的方式，主要以定量方法为主，多数是有关Twitter的案例分析。1920年，美国著名学者和社会学家帕克在《社会学悖论》一书中最早提出了"集合行为"即群体性事件这个概念，集合行为是指在某种非常态条件下形成的社会聚集现象。[1]它是形成社会舆论的重要因素之一。戴维·波普诺也曾指出集合行为"是在相对自发、不可预料、无组织的以及不稳定的情况下，对某一共同影响或刺激产生反应而发生的行为"[2]。随着互联网的兴起，网络信息的传播也由及时性发展到"全时性"（timelessness）[3]，这无疑为网络舆论传播提供了土壤。美国大众传播学奠基人之一的施拉姆曾推断"那种被称为大媒介和微小个人的日子似乎正接近于终结，媒介终于不再是那么无法参与和深奥莫测的了"[4]。美国学者格拉瑟和萨蒙说："也许听起来有点刺耳，像舆论这样的东西并不存在，舆论不可能是可靠的判断和推理。"[5]

而关于微博舆论方面，美国传媒学者J. Stoner在1961年提出了著名的"群体极化"理论，即"群体在做决策时往往会比个体决策更倾向于保守或冒险，从而走向极端而不是最佳决策"[6]。他还进一步指出"网络对于很多人而言，正是极端主义的温床，因为志同道合的人可以在网上轻易且频繁地沟通,但听不到不同的声音。持续暴露于极端的立场中,听取这些人的意见,会让人逐渐相信这个立场,各种原来无既定想法的人,因为他们的所见不同,最后会各自走向极端,造成分裂的结果,或者铸成大错并带来混乱。"[6]所以网络空间一旦出现群极化现象,会促使舆论向更不可控的方向发展。网络上的圈内传播比较容易造成群体意见的极端化倾向,因为网络团体更乐意听到与自己意见和立场相一致的言论,他们其实并没有进行真正的意见上的讨论,而交流的根本目的就是强化一开始的倾向。所以微博上流言的传播会越来越趋向"群体偏向"。

美国著名记者谢尔2010年出版的著作——《微博力》一书中就采用了大量的企业真实采访案例,叙述了企业运用Twitter进行商业营销的故事,将理论与实践结合起来进行研究。由此可见,微博上庞大的用户群体和海量的信息为商业决策、新兴技术的研究提供了参考的数据样本,这无疑会对经济的发展起到推动作用。[7]

总而言之,微博来源于国外,国外学术对于微博的研究较之国内更加全面和丰富。但是,在国外微博的定位主要是进行实证研究,目的是服务于经济的发展,目前还没有太多关于"舆论绑架"方面的研究文献。

二、国内研究现状简述

我国学者对"舆论绑架"的研究最早是在2006年,同年1月22日,沈阳《华商晨报》发表的一篇贫困父亲写信遍求中国富豪的报道[8]。针对这个事件,新闻学者陈力丹在《"舆论绑架"与媒体逼视——论公共媒体对私人领域的僭越》一文中最早提出了"舆论绑架"的概念——"抓住一个热点和话题,或者抓住对方一句话、一个词,按照自己的理解,大肆渲染、炒作、批判,全然不顾及事实的真相、舆论的影响"[9],这种行为就是典型的"舆论绑架"。这样的行为,往往会给被报道的个体带来他们本不应该承受的压力,同时也会造成了大众传媒的功能失调,出现这种情况是新闻媒体社会角色的错位。

随着以微博为代表的社交媒体的兴起,微博传播中的舆论绑架现象也愈演愈烈。2015年4月3日,作者以"微博""舆论绑架"为主题在中国知网检索，共找到125篇文献，其中期刊论文47篇、硕士论文65篇（2006年到2014年的研究成果分布见下图7-1）。仅2013年和2014年两年时间就有84部文献资料发表，约占全部文献数量的64%。

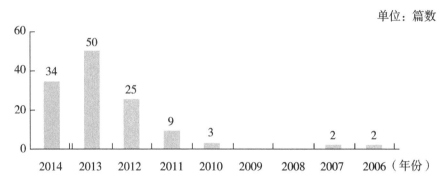

图7-1　中国知网2006—2014年"微博舆论绑架"相关文献分布图

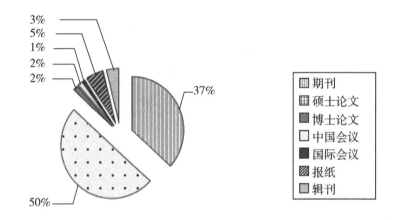

图7-2　中国知网2006—2014年"微博舆论绑架"相关文献类型分布

由此可见，愈演愈烈的微博"舆论绑架"现象的确吸引了业界和学界的关注。但是，关于微博舆论，学界还未有人做出明确定义，回顾相关的舆论概念，陈力丹认为："信念作为舆论本身的深层内容，有助于深刻地理解舆论。""其信念则构成舆论的深层内容，需要通过对具体舆论客体的接触才会显露。在这个意义上，舆论的深层次内容——信念，是一种潜在的舆论。""态度的表现形式是多样的，以言语形式的表达，构成显舆论；以情绪形式的表达，构成潜舆论；以规模行为来表达，构成行为舆论。"[10]

也有学者认为："舆论是一定范围内的多数人针对现实社会以及社会中的各种现象、问题,以言语、情感、行为等方式表达出来的大体一致的信念和态度。"[11]清华大学刘建明教授将舆论定义为:"舆论的内在属性即本质,就是公众或人民对公众事务的自觉意识,融合为共同的社会知觉。"[12]李良荣指出:"舆论是在特定的时间和空间里,公众对于特定的社会公共事务公开发表基本一致的意见或态度。"[13]基于现有研究,可以归纳得出:微博舆论是用户以微博为平台,围绕某一社会现象或热门话题的发生、发展,进行深入的思考和判断后形成的符合大部分人观点的共同意见。微博舆论的形成,是微博用户经过广泛讨论、扩散而最终实现的。[14]但是我们也应该注意到,互联网是营造舆论声势和舆论强度最好的媒体,几千乃至于几万人的微博发出同样的呼吁,在大众看来,似乎是迎合全民态度的意见,而实质上不过是互联网上为数不多的几个少数派的叫喊。[15]

但"舆论绑架"现象并不是只在微博上出现,国内学术界长期从事网络问题研究的中国社科院哲学研究所郭良副研究员在谈到网络中的"舆论绑架"现象时,认为"这些问题在实质上是社会本身的问题,网络本身什么也做不来,没有网络,这些问题在现实社会中也同样存在。网络只是提供了一个空间"[16]。由此可见,微博只是提供了平台,"舆论绑架"现象存在于我们生活的方方面面,已经对我们的日常生活产生了重大的影响。本章以微博上的"舆论绑架"为例进行研究分析,针对现实情况提出相应的措施和建议。

第二节 当舆论遇上微博

微博在国外蓬勃发展的同时也引起了国内互联网从业者的关注和兴趣。于是2007年5月12日由王兴创办的饭否网正式上线,成为中国第一家微博网站,在这个微博网站平台上用户间可通过互相关注、私信、或@对话等方式互动。2009年上半年,饭否网的用户数从年初的30万左右激增到了100万。

但是，自2009年7月7日起，该网站因无力处理不当言论等原因被迫暂时关停。同年7月22日，饭否网的同类迷你博客网站"叽歪"和"嘀咕"也被关闭。饭否网关停后，新浪、网易、腾讯、搜狐等国内门户网站先后推出了微博客服务，其中新浪微博成为发展最快的一家，众多前饭否网用户也随之转移到了新浪微博。饭否网的关停被认为是新浪微博迅速发展的原因之一。2010年11月11日，饭否网页开始显示信息，11月25日晚，饭否网再度开放。但由于竞争对手——新浪微博在较短的时间里就吸收了大量的用户，确立了社交媒体领域里的领先地位，饭否网再难与之竞争。截至2014年3月，微博上月活跃用户达到1.438亿，日活跃用户也超过6 660万，其中还包括大量的政府机构、官员、企业、个人认证账号，开放的传播机制使新浪微博成为中国的"公共议事厅"。至今，微博已经成为人们重要的信息来源之一，同时也是社会重要的信息传播渠道——政府、企业、公众人物都使用微博来进行营销或舆论引导。随着其他社交应用的发展，微博成功地将自己转型为社会化媒体，充分发挥自己的社交媒体优势。

一、微博的相关研究

由于微博这一新的网络媒体诞生于国外，因此国外学者关于微博的研究比我国起步早，也更加完善。国外关于微博的研究主要集中在个人表达方面以及社交功能方面的表现。国内的研究成果多以期刊论文、会议论文、研究报告等形式呈现，还未出现理论深厚、内容全面的鸿篇巨制。此外，致力于微博这一新生事物研究的学界专家比较少，老一辈学者多局限于习惯和技术，因对微博没有比较深入的了解而缺乏研究兴趣；青年群体则因自身学识不足，难以从更高的层面上对微博进行全面的认识和考量。目前，就笔者而言，喻国明教授的研究团队对微博进行的考察较其他人更加系统全面，他的著作——《微博：一种新传播形态的考察——影响力模型和社会性应用》[17]是关于微博的学术研究中最具影响力的著作。传播学者刘丽清在2009年发表的文章《微博虽"微"足值道尔——微博特性之浅析》[18]对微博兴起的原因及其传播的主要特征进行了研究，进一步加深了我国学者对微博的研究和探讨。

目前，我国也有不少关于微博的著作，杜子健所著的《微力无边》一书从网络传播方式、网络影响力因素、网络社会学构成、网络黏性等角度，对微博进行了解读，并将微博定义为："微博不同于以往的任何媒介，它的传播毫无轨迹、它的速度也无可参照，它只是它自己，在人类千百年的传播历史上，它是一个刚刚诞生的异类。"[19]窦含章、李未柠的《政府如何开微博》主要从政府角度对如何运用微博进行了研究。其他的还有李开复2012年所著的《微博：改变一切》，在这本书中他指出："微博就是以我为主，自由创建有特色内容，尽力吸引粉丝关注并广交朋友的一个大舞台。"[20]南方报业集团研究所所著的《南方传媒研究（第二十一辑）：微博时代》[21]和东鸟等编的《真话：微博客语录》[22]主要研究了微博应用的案例，并进行了相应的解读，但尚未达到较高的理论层次。微博自诞生以来，发展还不是很成熟，对微博的研究虽然丰富，但大多集中在简单介绍，对微博舆论的研究更加稀少，因此本章将以"冰桶挑战"为例，注重分析微博舆论的形成过程及引导机制。

二、微博的影响

（一）意见领袖

1940年，美国传播学者拉扎斯菲尔德提出著名的两级传播理论，这个理论提到了传播活动中的一个重要影响因素——意见领袖。"意见领袖是指在人际传播网络中经常为他人提供信息，同时对他人施加影响的活跃分子，他们在大众传播效果的形成过程中起着重要的中介或过滤的作用，由他们将信息扩散给受众，形成信息传递的两级传播。"[23]随着微博在中国公民生活中所起的作用日益重大，意见领袖们所扮演的角色也日趋复杂和重要，目前的研究不论是数量还是深度都亟待提升。[24]

在微博传播中，意见领袖具有强大的影响力，名人的微博言论虽不一定能得到网友的支持，但无疑会引起大家的热烈讨论或者积极参与。在2014年的"冰桶挑战"事件中，微博上的点名规则无疑是引发其大规模传播的重要因素之一。通过连续不断的热点轰炸，"冰桶挑战"事件一直在微博上保持着超高的人气和网友热议度。

（二）裂变传播

据新浪CEO曹国伟透露，根据他们已有的数据，如果一条微博经过三个节点的传播，可以在整个微博用户群中实现97.3%的覆盖率。20世纪60年代，美国耶鲁大学著名的心理学家米尔格伦曾经提出了一个名字叫作"六度空间"的理论，也称作六度分隔（Six Degrees of Separation）理论。这个理论可以通俗地表示为："你和任何一个陌生人之间所间隔的人不会超过六个，也就是说，最多通过六个人你就能够认识任何一个陌生人。"[25]如果把六个人看作六个传播节点，通过微博，只需三个节点，就可以覆盖97.3%的六度空间。由此可见，微博的传播力度十分惊人。随着以微博为代表的社交平台的逐步发展，其对普通大众日常生活的影响不容小觑。

在雷军发起冰桶挑战之前，我国新闻媒体就曾经报道过美国冰桶挑战的新闻，但在当时并未引起人们的太多关注，然而，当雷军在微博上开展"冰桶挑战"后，微博迅速掀起了公众对整个事件的关注热情。由此可见，微博意见领袖虽然依旧依赖传统媒体作为可靠的信息源，但已超过传统媒体成为舆论的领跑者。随着内地主流媒体陆续开通微博频道，新一批微博舆论意见领袖开始产生。在微博这个多元化的平台，他们也将开始营造新的舆论，与微博这个平台形成互利双赢的关系。

第三节　微博的传播特点

（一）提高了传播的互动性和速度

微博中的@功能、私信、转发等功能都可以让两个互不相识的个体实现实时互动，突破了时空和地域的双重障碍。每个人都可以针对自己感兴趣的话题无所拘束地发表自己的意见或者与他人进行沟通和交流。微博上有关"冰桶挑战"这个话题的言论仅在"冰桶挑战"这一活动传入我国一个星期内，就已达到27 482 336条，微博的传播速度由此可见一斑。正是基于微博的这个特点，"冰桶挑战"才能迅速地在整个社会掀起一场公益热潮。

（二）打破了传统媒体的话语垄断

以报纸、广播、电视为代表的传统媒体一直承担着向广大受众传播信息、发布新闻的职责。随着传统媒体不断地完善发展，其逐渐形成了一套与之相适应的传播准则、法律法规和行业标准。我们所看到的每一条新闻和信息都经过了复杂的筛选和比对。而微博不同于传统媒体，每个人都可以是信息的发布者，这就大大地分解了传统媒体的话语权，让我们能够听到不同方向的声音。但也正是因为微博信息发布的零门槛，出现了一些不实、虚假、恶俗的信息，造成了微博传播环境的混乱。如在"冰桶挑战"事件中，谣言和谎言在微博中就占有一定比例。

（三）言论自由与道德责任的矛盾激化

微博较之传统媒体最大的特点就是信息发布和接受的自由，但过度的自由也会造成传播环境的混乱。在现有的语境下，传统媒体只能在现存的体系和媒介渠道中生存，而微博就为这些在"夹缝"中生存的人们打开了一扇大门。

在"冰桶挑战"事件中，参与者通过点名继续传递活动，但这种点名活动从名人的角度来说，它在形式上是借助微博平台公开发布信息，而实质上是通过媒体公开报道后的舆论压力对被点名者进行的一种道德胁迫。被点名者接受活动也并不完全是出于自愿。

（四）传统媒体的媒体移动化趋势

媒体移动化实际上是一个在技术与市场的推动下媒体变形、变革与拓展的过程。它并不是一种假说，而是对已经发生的诸多事件和现象的抽象与概括。媒体移动化最显著的特征是传统媒体形态的变革，其表现在微博上就是大量媒体机构纷纷在微博上开通了官方微博，以便与广大受众进行线上与线下的传播或交流，进一步提高传播的质量。[26]虽然这些新出现的媒体形式还存在许多不足之处，但从整体上看，它们正在形成一条新的价值链，诸多产品形态正在融合中分化，同时形成新的产品链。

第四节 微博与公益传播

（一）传播方式的强互动性和多样性

"冰桶挑战"规则要求参与者在网络上发布自己被冰水浇遍全身的视频内容，然后该参与者便可以@三位好友继续挑战，被邀请者要么在24小时内接受挑战，要么选择为对抗"肌肉萎缩性侧索硬化症"捐出100美元。在"冰桶挑战"之前，大部分人都不清楚渐冻症这个疾病群体的存在，但是这种一传三的传播一下子吸引了人们的眼球，成为2014年最有爆点的新闻，同时也真正给了这个群体最大程度的帮助。

（二）注重发挥名人微博意见领袖的作用

桑亮等人认为微博并未真正改变传统意见领袖的形成机制及其影响，反而是微博传播对于既有媒体的依附加深了既有意见领袖的地位。❶名人或者明星需要公益活动帮助他们树立良好的个人形象，而公益活动也需要明星帮助其扩大影响，这其实是一个双向有益的关系。在"冰桶挑战"事件的整个传播过程中，意见领袖无疑发挥着重要的作用。从广度上讲，因粉丝众多，其发布的信息可以到达更多的传播对象；从质量上讲，粉丝间的讨论或者效仿等行为会起到增强传播效果的作用。但同时也应意识到意见领袖也是微博传播中的一员，应尊重他们平等的传播权。

（三）传播内容的趣味性和可操作性

由于微博用户大多数是"70后"，活跃用户则多是"80后""90后"，他们大多拥有年轻、活跃、勇于接受新鲜事物的态度，同时又并不缺少社会责任意识，虽然基于社会环境和网络诚信度的问题，不少人会害怕受骗，但还是有接近一半的青年会响应网上号召去帮助别人。因此，有趣味又有价值的信息会很快被他们接受，达到传播的目的。而我们国家的一些公益组织相对缺乏创新，在活动组织和慈善募款的时候缺乏想象力，所以才会造成老百

---

❶ 桑亮，许正林.微博意见领袖的形成机制及其影响［J］.当代传播，2011（3）：12.

姓对中国公益组织的乏力感。

（四）公益行为要秀出来

与其他国家的公益活动相比，中国的公益事业不太接地气，严重缺乏体验感、时尚感，甚至缺乏社会信任，这才让大家对公益敬而远之，针对这个情况，我们在进行公益活动时更加需要接地气、人人皆可为的公益方式。例如在微博上秀出自己参与活动的视频，既可以通过增加点击量提高关注度，又可以起到行为示范作用。"冰桶挑战"这个活动已经成为创意激发点，即使有很多人在跟风、模仿、创新甚至调侃、恶搞也没关系，因为在公益活动中，影响力并不是单一的维度，关键是要形成一种时尚潮流，虽然可能会导致泥沙俱下，但对于民众信任度较低的中国慈善业来讲，这无疑是一个新的突破点。

第五节　微博"舆论绑架"的协调

（一）微博大V和新闻媒体微博应做好舆论引导

微博大V作为微博传播中的意见领袖，他们的一言一行都会对众多的微博用户产生影响，拥有着比其他人更多的话语权。根据中国微博意见领袖研究报告，在"微博的意见领袖中，'60后'及'70后'中青年群体已经成了其中的主力，占到七成以上（72%）。这些在微博中活跃表达且影响甚广的意见领袖们，正逐渐承担起网络公民的角色"[27]。微博大V在发布或评论事件信息时，应保持公正、客观的态度，应对自己所发表的言论负责，应对自己的粉丝负责。

媒体机构作为专业的信息传播机构，其传播的观点所引起的争议性最高，也正因如此，媒体机构在报道事件时，应首先对所报道的事件进行充分的调查和研究，确保传递给受众的信息真实、可靠。

（二）提高微博用户的素质水平

目前，我国的微博舆论环境鱼龙混杂，充斥着各种各样的言论和主张。微博用户应致力于提高自己的道德水平，明确辨别各种信息并坚决抵制不良信息的腐蚀作用。2012年11月，党的十八大报告首次概括了社会主义核心价值观："倡导富强、民主、文明、和谐，倡导自由、平等、公正、法治，倡导爱国、敬业、诚信、友善，积极培育社会主义核心价值观。"[28]坚持社会主义核心价值观是微博传播的道德要求。微博作为一个面向广大人民群众开放的言论平台。从政治学上说，权利和义务本就是两个相符相生的话题，我们在享受微博上的言论自由时，也应该承担相应的道德责任，即每个人都应该对自己说过的话负责。

（三）加强微博舆论环境的监管

网络在冲击和动摇现存的社会制度结构的组织、框架和秩序的同时，也使得现存的社会制度结构逐渐转变为一个建立在新范式基础之上的新制度，转向一个与未来的信息网络社会相适应和匹配的新制度。[29]从某种意义上可以说"正是动态技术和静态的制度之间的辩证斗争与冲突导致了经济与政治制度被慢慢地置换与代替"[30]。微博的"低门槛"和"零基础"无疑是造成现在混乱的舆论环境的重要因素之一。无论在任何环境中，良好的传播秩序和准则的建立离不开外部的监管。世界上原本就没有绝对的自由，微博用户在享受意见的自由表达的同时也要遵守相应的传播规则。政府应通过建立长期有效的微博道德和法律管理体制，对微博传播中的种种不合理现象进行约束或管制，以此营造一个良好的微博传播环境，并通过体制建设支持道德和法制建设，逐步实现由他律向自律的转变，最终实现微博传播的良性循环。

参考文献：

[1] 罗伯特·E·帕克.社会学导论[M].北京：中国传媒大学出版社，2016.

[2] 郭庆光.传播学教程[M].北京：中国人民大学出版社，2011.

[3] 戴维·波普诺.社会学[M].李强，译.北京：中国人民大学出版社，2007.

[4] 杜骏飞.网络新闻学[M].福州：福建人民出版社，2010.

[5] 施拉姆，波特.传播学概论[M].2版.何道宽，译.北京：中国人民大学出版社，2010.

[6] 尼葛洛庞帝.数字化生存[M].胡泳，译.海口：海南出版社，1997.

［7］谢尔·以色列.微博力［M］.任文科，译.北京：中国人民大学出版社，2010.

［8］华商晨报.救女——贫困父亲写信遍求中国富豪［J］.华商晨报，2006，1.

［9］陈力丹."舆论绑架"与媒体逼视——论公共媒体对私人领域的僭越［J］.新闻界，2006，1.

［10］陈力丹.舆论学—舆论导向研究［M］.北京：中国广播电视出版社，2005.

［11］曾庆香.对"舆论"定义的商榷［J］.新闻与传播研究，2007，50.

［12］刘建明.走向社会舆论的纵深［J］.新闻爱好者，2014，48.

［13］李良荣.新闻学概论［M］.上海：上海复旦大学出版社，2001.

［14］李彪，郑满宁.从话语平权到话语再集权：社会热点事件的微博传播机制研究［J］.国际新闻界，2013，7.

［15］刘建明.公众舆论的对峙、理性和话语暴力［J］.新闻爱好者，2014，68.

［16］郭良.网络创世纪［M］.上海：上海世纪出版集团，2001.

［17］喻国明.微博：一种新传播形态的考察——影响力模型和社会性应用［M］.北京：人民日报出版社，2011.

［18］刘丽清.微博虽"微"足值道尔——微博特性之浅析［J］.东南传播，2009，11: 153-154.

［19］杜子健.微力无边［M］.北京：万卷出版公司，2011.

［20］李开复.微博：改变一切［M］.上海：上海财经大学出版社，2011.

［21］南方报业集团研究所.南方传媒研究（第二十一辑）：微博时代［M］.广州：南方日报出版社，2009.

［22］东鸟，等.真话：微博客语录［M］.北京：九州出版社，2010.

［23］拉扎斯菲尔德，贝雷尔森，高德特.人民的选择［M］.3版.唐茜，译.北京：中国人民大学出版社，2012.

［24］李蕾，强月新.中国微博意见领袖研究综述［J］.东南传播，2012，18.

［25］MILGRAM STANLEY. Behavioral study of obedience［J］. Abnormal and Social Psychology, 1963: 371-378.

［26］陆小华.新媒体观——信息化生存时代的思维方式［M］.上海：清华大学出版社，2008.

[27] 张艺凝，靖鸣. "ALS冰桶挑战"事件的传播学思考[J]. 新闻爱好者，2014，9.

[28] 上海交通大学公共关系研究中心舆情研究实验室. 2011中国微博意见领袖研究报告[R]. 上海：上海交通大学，2012.

[29] 胡锦涛. 坚定不移沿着中国特色社会主义道路前进，为全面建成小康社会而奋斗[R]. 北京：第十七届中央委员会，2012.

[30] 冯志鹏. 延伸的世界[M]. 北京：北京出版社，1999.

第八章　新媒体舆论格局与社会责任

第一节　媒介政治生态与新闻传播事业

媒介生态实际上是由媒介环境和传播环境两部分构成，它决定新闻传播的性质、功能和运作的特点。媒介政治生态是媒介生态的主要内容，什么样的政治制度决定什么样的媒介政治生态。西方新闻学者梅里尔指出，每一个国家的新闻制度和理论，是和那个国家的政治社会制度和意识形态相一致的。美国传播学者施拉姆报刊的四种理论基础说到底也是以不同的民主政治制度来区分的，其中的共产主义理论就是以社会主义制度为媒介政治生态的前提。那么，什么是媒介生态呢？新闻学者童兵认为，媒介生态是指媒介生存与运作的外部经济、政治、文化及国际环境。以此推演媒介政治生态的定义，即媒介生存与运作的外部政治环境。❶新闻学者甘惜分鲜明指出：新闻事业总是为政治服务，不为这个阶级的政治服务，就必然为另一个阶级的政治服务，世界上从来不存在不为任何政治服务的新闻事业，而且他还特别强调新闻事业要为当前的政治服务。❷

不同的媒介政治生态是由不同的国家政治制度决定的。中国作为社会主义国家采用了人民民主专政的政治制度，这决定了中国的媒介生态是无产阶级专政的舆论工具。新闻传媒作为党、政府和人民的喉舌，是无产阶级事业

---

❶ 童兵.理论新闻学导论［M］.北京：中国人民大学出版社，2011：61.

❷ 甘惜分.论新闻与政治［J］.新闻与写作，1986（2）：5.

的重要组成部分。列宁说，党的出版事业是党的整个事业的一个组成部分，是这个事业的齿轮和螺丝钉，因此必须置于党的领导下。❶因此坚持共产党对新闻事业的领导、坚持新闻媒体为人民服务、始终把社会效益放在首位成为媒体制度的主要内容。社会主义新闻事业的真实性、指导性、群众性、战斗性和党性由此成为我国新闻事业的工作原则，这是被历史和实践证明的正确的马克思主义的原则，是我党新闻事业的优秀传统和全党事业取得成功的政治和理论保证。

无产阶级新闻史反复证明，任何国家的无产阶级政党在成立以前，都是以创办自己的政党报纸开始的，政党报纸都是以宣传政党的政治纲领和政治主张为己任。报纸为全民所有，既是执政党对大众进行政治教育和团结社会先进力量的工具，也是沟通社会、实施舆论监督的工具。伟大的报刊活动家列宁曾说，报纸的作用并不限于传播思想、进行政治教育和吸引同盟军。❷报纸不仅是集体的宣传员和集体的鼓动员，而且是集体的组织者。无产阶级的报刊等媒体在革命的斗争中起到了宣传和组织的作用，这一重要的使命在政党成立以后继续发挥作用，并且在政党的正确领导下不断得以加强，使报刊等媒体在无产阶级的斗争和建设中发挥重大作用。我国的新闻事业不但从诞生之日起就以宣传马克思主义为己任，而且每一个历史时期的新闻事业也都根据当前全党及全体人民总任务的变化而变化，不断用新的思想去统一和鼓舞全体人民的思想。在建设社会主义政治文明的各项事业中，新闻事业必须站在党性的高度，指引全国人民为建设政治文明这一伟大的事业而不懈奋斗。

从19世纪70年代创办报刊开始，中国的新闻事业就带有鲜明的政治特色。中国共产党在长期的革命斗争中，继承和发扬了马克思主义的新闻宣传理论，通过创办马克思主义刊物，按照革命导师的理论努力实践，逐步形成了适合中国国情的理论体系。1942年围绕延安整风运动和《解放日报》的改版，党的新闻事业比较明确地阐明了新闻的本源、报纸的党性原

❶ 列宁.列宁全集（第12卷）[M].北京：人民出版社，1987：92-93.
❷ 列宁.列宁全集[M].北京：人民出版社，2013：8.

则、全党办报的方针及新闻事业中政治与技术的关系等根本性问题，奠定了我国无产阶级新闻事业的理论基础，这是我国新闻事业的理论和实践之源泉。

在21世纪的关键时刻，党的十六大提出的政治文明建设为新闻传播事业提出了新的机遇与挑战。社会主义政治文明的核心和精髓是高度的社会主义民主。在政治文明的主体地位上，社会主义否定了政治生活中少数人对于多数人的统治，在人类历史上第一次实现了广大劳动人民当家做主的理想，使人类政治文明的主体性扩展到了大多数民众。社会主义国家之所以要坚持共产党的领导，就是为了保证广大劳动人民当家做主，实现最广大人民的根本利益。从理论上讲，党坚持全心全意为人民服务的宗旨、党代表最广大人民的根本利益诉求以及党保持同人民群众血肉联系的优良传统都体现了社会主义民主政治的本质。民主政治要解决的就是党、政府和人民群众的关系。

社会主义政治文明建设的基本内容就是不断发展社会主义民主政治。当前建设社会主义政治文明的核心和关键是要着重加强社会主义民主政治的制度建设，在实现社会主义民主政治的制度化、规范化、程序化的同时，坚持发展社会主义民主同健全社会主义法制的紧密结合，实行依法治国。江泽民在讲话中曾指出："发展社会主义民主政治，最根本的是要把坚持党的领导、人民当家做主和依法治国有机统一起来。"❶为此，必须继续推进政治体制改革，通过制度设计和制度创新来保证人民充分行使民主选举、民主决策、民主管理和民主监督的权利，真正实现人民对国家事务的知情权、参与权和监督权，并通过加强党内监督、法律监督、群众监督和舆论监督，建立健全依法行使权力的制约机制和监督机制。这些制度安排，都是社会主义政治文明的基本内容和必然要求。

政治文明拓展了马克思主义关于社会结构的学说，为马克思主义新闻学的发展提供了更大的空间。童兵教授把政治文明归纳为一个制度、两个

---

❶ 江泽民. 全面建设小康社会，开创中国特色社会主义事业新局面［N］. 人民日报（海外报），2002-11-9: 2.

机制、三个规范。这个制度就是现代民主政治制度，这一制度的实质在于还权于民、还政于民，真正实现人民当家做主。新闻媒体是人民参与民主建设和舆论监督的重要渠道。两个机制是民主运行机制和社会监督机制，人民代表大会制度保证人民行使国家权力，并通过以媒体监督为主要实现途径的社会监督来保障民主制度的有效运行。三个规范指的是观念规范、法律规范和道德规范，新闻传播事业必然在三个规范的约束和广阔空间里得以快速发展。❶因此，政治文明建设必然要求完善和构建新的新闻传播体制，根本的要求是新闻传播体制的开放性、民主性和合法性。政治文明建设为新闻监督提出更高的目标，要求监督要直指一切丑恶、腐败和消极现象。政治文明建设还要求党委部门和新闻传播机构和全社会确立民主、科学的新闻传播观念，特别要确立知情权和传播权成为基本人权的观念，推进新闻传播事业切实为人民服务、为政治文明，包括为物质文明和精神文明建设服务。

社会主义的政治文明建设为新闻事业的发展提供了新的机遇与挑战，新闻事业必然在政治文明建设的过程中大有作为。媒介政治生态决定新闻事业的发展的政治方向、发展规模水平和职业规范及运行机制，而新闻事业不是被动地受制于生态环境，而是对其具有巨大的反作用，开发和利用社会信息资源、发布政治消息、影响政府决策、参与政治建设，促进社会的整合，从而改善和优化自身生存的政治生态环境，推动和促进政治文明快速、科学、健康地发展。因此，必须坚持政治文明建设和新闻传播事业的辩证统一和协调发展的基本原则。为此，笔者认为至少有以下10条原则。

1. 必须坚持党对新闻事业的坚强领导，坚持四项基本原则不动摇，坚持马克思主义的新闻观和党性原则，坚持新闻事业为党的事业和人民服务。不断通过各种手段和途径加强和改善党的领导，这是社会主义新闻事业取得成功的前提和保证，也是社会主义政治文明建设取得成功的根本要

---

❶ 童兵.政治文明：新闻理论研究的新课题［J］.新闻与传播研究，2003，（9）：14.

求。在政治文明建设的媒介环境里，新闻事业在无条件宣传党的政策和主张的同时，要发挥新闻事业的相对独立性，不是完全按政策取舍新闻而是独立判断新闻价值，让新闻事业为党和人民服务成为新闻事业自身的自觉行动。

2. 必须把国家发展作为新闻传播事业的优先理论。麦奎尔在其《大众传播理论》中认为，根据大多数发展中国家的共同特点，可概括出一种"国家发展优先的理论"，核心的观点是把经济的发展和社会的建设放在第一位，新闻事业的一切行为都应服从这一目标。❶政治文明作为我国民主制度建设的崭新目标和当前最迫切的任务，要求新闻传播事业自觉服务于这一目标。新闻事业服务于政治建设不是被动地听命于政策的摆布，而是主动地参与其中积极建言献策，保证政治文明建设沿着正确的方向顺利推进。

3. 必须大力发展和迅速壮大社会主义的新闻事业，在现有的商业模式前提下，不断增强新闻事业的经济实力和活力，通过提升经济实力更好地为新闻事业本身和政治文明建设提供坚强保障。中国的新闻事业既要坚持其作为党和政府喉舌这一根本前提，又要将新闻事业作为大众传播事业来看待。而在新闻事业的政治属性和产业属性中，政治属性是第一位的属性。

4. 必须不断完善新闻事业的工作方式，树立新闻传播权、媒体使用权和舆论监督权是基本人权的观念，国家依法完善新闻发布制度和信息公开制度，加强新闻事业在政治文明建设中的作用，积极参与国家依法行政建设与透明政治的全过程，新闻媒体通过增强活力积极营造良好的舆论，引导人民积极参与民主政治建设和国家的各项事业。

5. 必须不断改进和加强新闻媒体的舆论监督功能，充分发挥新闻媒体针对一切丑恶、腐败和消极现象的监督作用。社会主义的新闻事业既是社会公益的守护者，也是权力部门的监督者。舆论监督的实质就是人民群众对党和政府的工作及其工作人员的监督，是立足于民主政治的人民监督，

---

❶ 麦圭尔. 大众传播理论［M］. 潘邦顺，译. 中国台湾：台湾风云论坛出版社，1996: 197.

是建设美好社会主义的思想之光。政治文明的程度是一个国家媒体开放程度的标志，越是民主的政府越是鼓励新闻媒体对其进行有效监督。

6. 必须坚持以正面宣传为主的方针。社会主义的新闻事业作为党的事业的组成部分，与党和人民的利益是一致的，必然不能站在党和人民的对立面，而必须站在全党和全体人民的利益高度，把新闻事业促进国家的发展放在首要的位置，把全社会的力量凝聚到为建设民主政治和社会主义的各项事业中作为自己的责任。但正面为主的宣传方针并不必然排斥媒介监督和新闻批评，真实反映政治和社会生活中的丑恶和消极现象是新闻事业为人民服务的具体表现，净化社会环境、为政治文明建设扫除障碍是新闻事业义不容辞的责任和使命。新闻事业公信力的树立和党报事业焕发昔日的生机乃当务之急。

7. 必须正确处理新闻媒体与党、政府和人民的关系，充当党和政府的喉舌及人民的喉舌。既要无条件宣传党和政府的政治主张，做团结和教育人民的先生；又要坚持新闻事业为人民服务，满足人民的需要，听取人民的意见和要求，做人民的学生。对新闻事业的党性和人民性存在不同的认识，但最根本的思想不能含糊，党来自人民，最纯的党性集中了人民的利益和人民思想的精华。党性和人民性是一致的，没有不可调和的矛盾，只有错误的领导、错误的思想，没有错误的党性。只有办得不好、不受人民欢迎的报纸，但这不是党性的错，恰恰是违反党性的错。我国新闻事业的党性原则必须贯穿在政治文明建设的全过程，越是坚持和加强党性，新闻事业越是蓬勃发展。

8. 必须正确对待新闻自由和司法独立的关系，新闻事业既要在党的领导下享受充分的新闻自由，又要防止媒体审判和干预司法。在理论上讲，新闻自由和司法独立并不冲突，都是为维护和实现社会的公平与正义。然而在现实中两者可能发生冲突，协调两者之间的关系也是政治文明的必然要求。社会主义的新闻自由表现为为人民服务的自由、为人民利益大声呼喊的自由、宣传共产主义的自由、进行批评和监督的自由。全面科学地发挥社会主义新闻自由，是政治文明建设的内在要求，也是促进政治文明建设的强大动力。

9. 必须遵循和坚持新闻传播的特殊客观规律，不能将宣传学的理论与方法作为新闻传播事业的客观规律。新闻传播的本质是信息的交换，宣传的本质是观念的传达。虽然任何新闻事业都在从事宣传，但宣传材料毕竟不同于新闻报道，只有严格按新闻传播的特殊规律经营新闻事业才能更好地进行宣传。新闻宣传具有强烈的倾向性，现实生活的实际状况是检验新闻宣传工作的试金石，但新闻宣传也不能只迁就现实，跟在现实的后面。在政治文明建设的事业中，新闻事业既要从现实的政治建设的实际情况出发，又要走在实际的前面，站得高，看得远，为政治文明建设注入先进的思想和理论精华。

10. 必须完善和加强新闻事业的法制建设，建立、健全新闻传播事业的法制和制度建设，保证新闻事业在法制、制度、道德和行业规范的范围内行使新闻传播的采访报道权。中国的新闻立法工作历经曲折，但新闻传播学者为立法而进行的艰苦研究成果却日益丰富，新闻传播立法的进程在不断加快。但我国新闻事业的发展又不能幻想一部新闻法的出台就解决所有的问题，宪法赋予的社会主义的新闻自由才是最大的法律。

我国的政治文明建设是一项崭新的政治目标，也是我党和全国人民的伟大事业，最终受益的将是我党和全国人民。社会主义的新闻事业作为党的事业的重要组成部分，它的发展与强大也是对政治文明建设提出的新要求。因此，投身于新闻事业建设的青年学生、研究人员和学者，必须熟知马克思主义的新闻经典理论，通晓政治学科博大精深的理论，积极借鉴西方先进的新闻传播理论，以厚积薄发的理论基础和坚强不屈的研究毅力，为新闻事业的快速发展和推进政治文明建设提供理论和智力支持——这是一项光荣而艰巨的任务。

第二节　"走转改"：新时代的新闻学遗产

新闻学的研究对象是人类社会客观存在的新闻现象，研究重点是新闻事业与人类社会的关系。从这一基本定义出发，新闻学的发展必然体现出鲜明的时代特征。"走转改"的推行适逢我国改革发展进入关键历史时期，这场具有鲜明时代意义的全行业活动必然对我国新闻学的发展产生积极而深远的影响，而其留给时代的新闻学遗产亦是一笔珍贵的精神财富。

当今时代，我国社会转型已经进入新的历史时期，社会对"新闻为发展服务"这一根本宗旨提出了更高的要求，倡导新闻工作者"走基层、转作风、改文风"是新时期马克思新闻观的普及教育，是对新闻社会责任的强化与提升。众所周知，新闻学的中心议题是客观社会诸条件对人类新闻活动的决定、支配作用，以及新闻活动对社会的反作用。据此，"走转改"活动就是围绕新闻学中心议题所进行的生动社会实践，目的在于强化新闻的公共服务职能、坚定新闻的报道立场和秉承的社会责任原则。

一、强化公共服务职能

媒体是公器，以服务公共利益为根本目标。无论中外，在社会发展面临重大抉择的时刻，新闻业就会重返服务公共利益这一核心理念。否则，媒体就会因为丧失其服务目标而失去存在价值，不同社会制度的媒体都逃不出这一生存法则。刘自雄等指出："在美国传播体制内，自由市场主义信仰与媒体的公共角色之间始终存在着紧张关系，在市场繁荣的时候，市场新闻学深植人心。一旦市场失灵，谋求公共化的呼声就会上升。"[1]与美国传播体制不同，我国传媒因为具备党性与人民性、市场属性和文化属性及经济效益与社会效益的高度统一，解决了传媒与市场之间存在的内在性根本矛盾。但在局部环节上，传媒自身的发展目标与整个社会的进步也会出现暂时的脱节，需要及时通过行业性的教育和实践活动加以修正和调适，"走转改"便是这一特殊发展阶段的行业性行动。

从社会整体结构来看，行业性的活动显然需要置于整个社会背景下进行检视，以深入了解行业性活动发生的历史必然性和社会合理性。尹韵公提出，社会越是信息化，国力越是不断增强，就越需要我们坚持"走转改"，并将"走转改"常态化，纳入社会管理的大系统之中。如今，"走转改"事实上已不专属于新闻传播的范畴，它已进入整个社会管理的大视野。凡是"走转改"做得好和做得实的地区，党和政府的执政基础就巩固，执政基础就牢靠；反之，则不然，甚至可能要出大问题。正向和逆向的经验教训表明：一定要让"走转改"常态化、长期化和机制化。[2]党的新闻事业是社会主义事业的重要组成部分，新闻事业的成败与整个社会主义事业的成败密切相关。全球化背景下，不同文明之间的冲突呈扩大之势，不同意识形态的对抗有激化之险，深化文化体制改革和加强社会主义核心价值体系建设，是社会长治久安和经济可持续发展的基本保证。全心全意为人民服务是党的宗旨，也是宣传工作本色所在、职责所在。只有始终牢记党的宗旨，坚持走群众路线，在宣传工作与服务大局、服务民生中找准结合点，才能切实履行好宣传群众、动员群众、服务群众的职责，履行好巩固和壮大主流思想舆论、促进改革发展稳定的使命。

新闻传播学的发展历史表明，虽然不同国家的媒介制度性质迥异，但传媒一直都具有公共资源的性质，始终以维护公共利益为其根本目标。吴飞指出："传媒业被期望成为公共利益的守护者，似乎在新闻业出现后不久就产生了，尤其是新闻业开始意识到自身发展需要有专业主义理念之后。那时，为'公共利益''公共福祉'而发掘社会中隐藏的真相成为一种崇高的职业理想，又成为其张扬合法性的基础。"[3]维护公共利益、促进社会发展，这一属性体现了新闻传媒的价值和使命。因此，以公共新闻为导向的传播目标，既是新闻传播业发展之基，也是责任媒体的自我选择。公共新闻的良性发展，仍旧需要有像传统媒体那样组织严密、专业精湛、经费充裕的新闻报道组织机构来支撑。雷跃捷等指出："公共新闻的大量出现，将加大新闻政策管理的成本，继而会加大政府的管理成本。把握正确的舆论导向，是党和政府要求我国新闻传播事业承担的一项最重要的任务，它以新闻工作要坚持党性原则，服务人民，服务于社会主义事业，服务于党和国家的工作大局的基本方针作为基本要求。"[4]显然。在我国新闻出版体制改革过程中，对公共事务和地方新闻的报道应当同时加强，坚持"全党办报、群众办报"的根本路线，新闻传媒才能从根本上享有独立与自由。刘家伟提出：新闻必须面向基层、服务群众，关注群众需求，维护群众权益，说群众想说的话、办群众欢迎的事，把工作做到群众心坎上，进一步解决好服务大众还是服务小众、服务多数人还是服务少数人的问题。群众利益无小事，解决好新闻为群众服务的问题，就是解决了最大的民生问题，也为解决好整个国家的发展问题提供了保障。因此，深入基层深入群众，是深入到"人"，在一个个鲜活生命和具体实践中获得感性认知，力求把握全局、把握住重点以及问题发生、发展的本质。[5]因此，"走转改"活动的成败得失，会在一定程度上影响整个社会主义事业发展的进程。

如今，全球新闻传播业进入一个崭新的时代，在传统媒体遭遇危机的窘境里，新媒体所具有的双向性、便携性、海量性和草根性等特点，无疑会催生包括网民在内的广大公民的自主意识，而这种自主意识的唤醒逐渐会带来公众对于公共事务的关注和参与。在这个意义上产生的公共新闻，将会以一种新的新闻报道理念和方式发展成为一种新的新闻报道领域。新媒体催生的受众参与新闻传播的热情，由新的新闻传播理念、传播渠道和传播方式催生的草根意识、民主意识，都在孕育着公共新闻的诞生和壮大，都在孕育和催生着新闻报道的变革。[4]因此，"走转改"的伟大意义不仅仅在于通过强化公共服务职能提升新闻正向舆论的引导力，而且要实实在在地把正向舆论引导力转化为民主建设和社会发展的强大推动力，保证社会主义新闻事业和各项建设事业健康、持续、稳健地向前推进。

二、坚定新闻报道立场

溯本清源，"走转改"活动的实质是坚持马克思主义新闻观，是深入开展马克思主义新闻观教育的新途径。马克思主义新闻观的核心是坚持新闻的党性原则，坚持正确的舆论导向。[6]曾庆光的上述深刻论述，实际上是回答了新闻报道的立场问题。显然，这不是对以往报道立场的修正，而是对党的媒体政治立场的一次强化。鲁炜也提出了相似的观点，他认为：马克思主义新闻观，是每个社会主义新闻工作者的立身之本、从业之基、成长之魂，是指导新闻工作的强大思想武器。当前，在全国新闻战线广泛开展的"走基层、转作风、改文风"活动，是马克思主义新闻观在当代中国的最新实践，从理论与实践的结合上进一步丰富了马克思主义新闻观的时代内涵。牢固树立马克思主义新闻观，需要加强教育培训，更需要不断创新理念、创新机制、创新途径，"走转改"活动就是这种创新的产物。[7]

立场是行动的指南，正确的传媒立场是党的新闻事业发展壮大的保证，是新闻界凝聚社会力量为全面建设小康社会而努力奋斗的基础。丁法章认为：当今，新闻传播格局已经发生重大调整，传统媒体面临前所未有的挑战。各种新兴媒体，从互联网、手机、博客到今天盛行的微博，从平板电脑到智能手机，一句话，从传播内容到手段，都对传统媒体构成了直接的威胁。今天特别强调"走转改"，是传统媒体应对新兴媒体挑战的必然选择，是我们广大报纸、广播、电视工作者"化险为夷"，变被动为主动的灵丹妙药。[8]新闻报道的立场问题是"走转改"首先需要面对的问题。如果立场错误，我们的传媒就会迷失方向，甚至与党和人民的利益背道而驰。尹韵公指出："走转改"实际上回答了在当今时代如何尊重和遵循新闻传播规律，怎样坚持和实践新闻传播规律这一重大的根本性的问题。它突出而有力地坚持了以人为本、人民至上的新闻传播理念。几个月来，报纸、广播、电视、网络等媒体发表了大量来自基层、关注民生、反映民意的新闻报道。报道的主角几乎都是普通市民、普通教师、普通医生等。"普通"，是这些主角们的共同符号。[2]

然而，正是在社会变革和转型的关键时期，在各种利益被重新调整和分配的过程中，传媒为了实现自身的利益，在服务理念上出现偏差甚至扭曲，或者以知情权的名义放任"信息泛滥"，给社会发展带来负面影响的事时有发生。为了及时解决种种社会问题，新闻界全面推行的"走转改"活动恰逢其时，更是新闻学的一次发展与完善。刘笑盈认为，从新闻理念的角度来看，可以把在"走转改"活动中涌现出来的大量鲜活报道、反映普通人原生态接地气的报道，称为带有导向性和人文性的新闻，这种新闻是对传统新闻学的借鉴和发展，也是对西方新闻学的扬弃与修正，是对中国特色新闻学的新探讨，也可以对世界新闻学产生影响。[9]说到底，新闻报道必须反映社会现实，唯有如此才能有效指导群众认识现实，这是群众采取正确行动、完成时代使命的根本前提。

新闻学以探索新闻事业的产生、发展的特殊规律和新闻工作的基本要求为重要使命，"走转改"新闻是我国新闻事业历史性发展的内在要求，是新闻工作适应时代需要的具体表征。刘笑盈研究认为，"走转改"新闻是对传统新闻学的进一步改善和发展，体现在以下三方面。第一，在报道方式方面，坚持体验式采访的"走转改"新闻是传统实践论在新时代的发扬光大。第二，在报道内容方面，坚持基层声音和图景的"走转改"新闻是对传统新闻中成就报道和典型人物宣传的改进，同时进一步增加了改革开放新闻中的新闻品种。第三，在报道理念和传播效果方面，坚持价值传递和原生态的"走转改"新闻也显示出与时代结合的新特征。[9]套用一句经典：实践是生动的，理论之树常青！

三、肩负新闻社会责任

虽然世界各国的新闻体制不同，新闻事业又具有鲜明的阶级属性，但社会责任原则是各国新闻媒介的共同选择，尽管具体的实践标准存在明显差异。当今社会，媒体对国际政治、经济、社会、文化等各领域的辐射日益加强，对人们思想、工作、生活等各方面的影响日益深入。正因为如此，对世界各类媒体来说，树立和秉持高度的社会责任感比以往任何时候都更为重要。各类媒体要被公众广泛接受、受社会广泛尊重，就应该不断提高公信力和影响力，就应该遵守新闻从业基本准则，客观报道世界多极化、经济全球化、文明多样性的现实，充分反映世界各国发展的主流和趋势，客观报道发展中国家的发展进步。

新闻事业的阶级性是新闻在反映客观世界的过程中所表现出来的立场、思想、观点，客观上有利于某个阶级的利益。我国新闻事业的基本性质可以概括为：新闻事业既服务于党和政府，又服务于全体人民。"走转改"活动，要求所有的新闻工作都实事求是地遵循这一原则。中宣部原部长刘云山强调："走转改"要着眼于把握新闻舆论正确导向，着眼于提升新闻队伍能力素养。❶在我国经济转轨、社会转型时期，在社会现象更为纷繁复杂、人们的思想观念更加开放多元的时代，新闻战线不能忘记自己所承载的政治责

---

❶ 刘云山.扎实开展"走基层、转作风、改文风"活动［J］.中国记者，2011（9）:9.

任和社会责任。强化社会责任，成为新形势下新闻传媒的首要任务。中宣部等五部门推行的行业"走基层、转作风、改文风"活动，就是针对新闻传播领域的一些不良现象而展开的。尹韵公也提出：参加"走转改"的编辑记者，不缺闯劲，不乏热情。他们在艰苦、艰难和艰险的实地采访中，一方面磨炼了自身作风，积累了报道经验，提升了新闻素养；另一方面，乡村的贫穷落后，民间的疾苦羸弱，又带来了心灵的震撼和精神的净化，从而使其世界观、人生观和价值观发生了重大转变，忧患意识、责任意识、使命意识和大局意识也越来越强烈。[2]

责任意识成为时代的主题，是新闻传媒需要直面和思考的重大问题。张振华认为："走转改"贵在务实、内化与常态之道。唯此，才能达到终极目标：通过深入社会、深入群众，锤炼新闻队伍、改进新闻报道，从而更好地践行媒体责任，即紧扣社会实际，激扬光明、鞭笞丑恶，从而推动社会的和谐与国家的长治久安。在社会转型的时代，尤其需要新闻工作者深入社会、深入群众，一方面充分发现、充分展示基层社会中种种美丽的风景和温暖的故事，同时也反映人民群众的种种困苦与诉求。前者是为了使群众感受当今社会的光明与温暖，后者是为了使明天的社会更光明、更温暖。前者是媒体的责任所在，后者也是媒体的责任所在。[10]

新闻即"心"闻——来自心灵的所见所闻。"走转改"不仅要带着任务走，更要带着感情走，不仅要脚尖常沾泥土，更要心间常怀责任。责任，是这个时代的关键词。中外历史表明，那些勇于担当社会责任的新闻媒体，不但不会消亡，反而在坚持中发展壮大。我国的媒介制度决定了社会效益优先的原则，西方社会也不会纵容媒体完全泯灭社会责任。

就中外比较层面，西方新闻事业与我国新闻事业具有不同的阶级属性，这一属性决定了我国新闻工作的基本原则是真实性、指导性、群众性、战斗性和党性，这些基本原则与我国新闻事业的阶级性是一致的，构成了一套最为完整、科学的新闻理论体系。刘笑盈对"走转改"的新闻学理做出了最直接的论述：事实上，新闻"走转改"活动正是在西方新闻界默多克集团窃听门事件的高潮中推出的，而"走转改"新闻也正是对当代西方新闻学的扬弃与修正。第一，"走转改"新闻是对西方商业主义新闻学的反拨。第二，从新闻的学科理念说，"走转改"新闻更贴近新闻学的学科性质，是对西方功利主义新闻学的反拨。第三，从新闻价值观来说，"走转改"新闻更有利于满足新闻的社会功能，也是对西方失望新闻学的反拨。[11]把"走转改"置于学科层面上看，"走转改"思想所蕴含的伟大意义不仅体现在人文社科领域，而且体现在整个科学领域。因此，它是属于中国乃至人类的宝贵理论遗产。

第三节　史上"报格"思想的当代价值

2010年年初，在《南方都市报》的年度新闻奖颁奖典礼现场，时任中山大学传播与设计学院院长的胡舒立女士走入会场时，现场自发响起的掌声经久不息。笔者深受这阵阵掌声的感染并陷入深深的思索之中，不得不承认这热烈的掌声不仅仅是献给一位知名学院院长胡舒立的，更是献给所有坚持新闻专业主义的新闻同人。如今，新闻专业主义被越来越多的人认为是重塑"报格"的利器，而史上"报格"思想的形成正处于我国早期新闻专业主义的启蒙阶段。

一批知名报人虽已离我们远去，但他们特有的"报格"依然能让人感受到心灵的震撼。著名报人张季鸾在主笔《大公报》期间，提出了"不党、不卖、不私、不盲"的"四不"主张，后来被归纳成"不盲、不私"并成为报社的社训。张季鸾"以言报国、悲天悯人、敢言善言、爱国心切"的品格，成为一代报人光照千秋的人格写照。❶他本人不但成为当时最具专业主义精神的职业报人，而且为报纸和报人树立了"报格""人格"的标杆。同样为报纸树立典范的代表人物史量才，他不惜以自己的生命维护着《申报》的独立和尊严，他提出的"国有国格，报有报格，人有人格"警世名言，至今依然是"卑鄙者的墓志铭、高尚者的通行证"。研究者张前平指出：在新闻伦理和道德受到严峻挑战的今天，"三格"不存，人将非人，报将非报，国将

---

❶ 胡玫：胡玫文集［M］．天津：天津人民出版社，2007：1058–1060.

非国——该至理之言仍然值得我们现代人和现代新闻媒体反思。❶如今，报纸存亡的争执喋喋不休，报业竞争的局面如火如荼，虚假新闻、有偿新闻、广告新闻、娱乐新闻、低俗新闻等充斥报纸版面，商业浪潮冲击专业主义，金钱至上摧毁新闻品质，报纸的"报格"岌岌可危，报人的"人格"迅速蜕变……报人为此殚精竭虑，纷纷寻找对策与出路。而新闻专业主义正是解决这些问题的钥匙。

2009年下半年，胡舒立的辞职风波成为我国新闻界的焦点话题。同年11月，她正式向"联办"提交辞呈，12月被证实到中山大学接受教职。果敢、风风火火、热情、执着、特立独行、不妥协是胡舒立留给公众的形象概括和人格魅力。有学者评价"胡舒立的离去，给中国期刊界带来的震荡，史上未有"。学者吴飞教授认为胡舒立是中国新闻专业主义的践行者，因为她与杂志坚持追求挖掘事实真相，有明确的社会责任感，并坚持"独到、独家、独立"的报道理念。胡舒立不仅成为中国期刊业的一个标杆，也成为包括报业在内整个新闻业的一面新旗帜。因而，当下讨论的"报格"不仅指涉"报纸的品格"，更指涉"报人的品格"，而两者最终通过"报道的品格"得以体现，三者的高度统一构成"报格"的基本内涵。

新闻专业主义是一个舶来品，专业化探索始于20世纪的美国。随后，西方主要国家的新闻行业都把新闻专业主义视为圭臬。然而，就作为专业化最主要表征的专业意识与相关机制的确立而言，揭示西方新闻专业主义的现象与规律，对于揭示中国新闻的职业化是有借鉴意义的。就新闻专业主义的基本内核而言，关键性的内容主要包括客观性理念、自由与责任的观念、服务公众的意识和自律与他律的原则体系等。从这些内容出发，西方大报如《纽约时报》《华盛顿邮报》等，正是因为形成了特有的"报格"而赢得了声誉和尊重，这正是坚守新闻专业主义带来的荣耀。正如吴飞教授分析的那样：外来的新闻专业主义的概念以及相关理念和实践策略，也逐渐在中国新闻传播学界和世界传播开来，虽然当下的力量还那么弱小，但其生长力量是不容忽视的。如《南方周末》《南方都市报》《中国青年报》《新京报》等为代

---

❶ 郑重.风雨文汇（1938—1947）［M］.北京：东方出版社，2008：2.

表的报纸，或仗义执言，或不畏强权，或针砭时弊，或思想独立，它们分别以自己独有的"报格"赢得了赞誉和好评。

毋庸讳言，有很多报纸并没有自己的"报格"，把报纸当成谋取私利的工具，成为某些利益集团的幕后推手。因此，重塑"报格"要以维护公共利益为己任，挣脱资本控制和经济利益的枷锁，做有自尊的报人、独立的报纸和公正的报道。此外，重塑"报格"必须以公共利益或社会效益为先，而把经济效益放在次要考虑的位置。

诚然，不同媒介体制对新闻专业主义基本内含的理解并不相同，但作为舶来品的新闻专业主义的相关理念和实践策略对中国报业产生了重要影响。转型中国的报业发展遭遇了诸多困境，但只有坚守新闻专业主义，"报格"的重塑与提升才有望成为可能。正如2010年12月7日在杭州举办的纪念史量才诞辰130周年学术研讨会所提出的那样：在当今多元变化的新环境中，弘扬史量才的爱国主义精神，传播史量才宝贵的办报理念，是我们义不容辞的责任。召开这样一个会议，不仅有利于更好地发展和深入史量才研究，而且对于弘扬史量才"国有国格，报有报格，人有人格"精神和践行社会主义核心价值观意义重大。

继承、发扬和发掘"报格"的当代价值，媒体要切实承担社会责任，促进新闻信息真实、准确、全面、客观地传播。对各类媒体来说，树立和秉持高度的社会责任感比以往任何时候都更为重要。与人民同命运、与时代共发展，是世界各地媒体的必然选择。

第四节　新闻记者的微博之殇与救赎

2012年4月9日上午11时，前央视主持人@赵某发出微博，称"转发来自调查记者的短信：同志们，不要吃老酸奶（固体形态）和果冻，尤其是孩子，内幕很可怕，不细说。"短短一行多文字立即被网友疯狂转发，达11万多次。随后，赵某便在电视屏幕和微博上消失，其新浪微博自11日起停止更新，腾讯微博也只更新至4月10日。对于消失的原因，赵某本人称"无可奉告"，组织上表示"不清楚"。媒体记者因为在微博上"擅自"发布消息"出事"，此类事件受到社会的广泛关注与讨论。无独有偶，2011年年底，美联社禁止员工在Twitter（推特）上发消息也引发了热烈讨论。2011年12月5日，新浪传媒发布微博消息，美联社有记者在"占领华尔街"运动中被捕，有员工将此消息通过Twitter先发布到网上，惊怒了美联社高层。美联社执行总编辑卢·费拉拉告诫员工："你们的首要任务是为美联社工作，而不是推特。"那么，作为媒介机构的专业记者，在发生矛盾的特殊情况下，他们的首要任务是为媒体负责还是为公众负责？他们在发布微博消息的时候应该遵循哪些准则呢？

1. 真实性原则。这一原则包括两个方面，即个人身份的真实性和消息内容的真实性。首先，微博上要勇于公开记者自己的真实身份。虽然，对微博实名制的争论依然见仁见智，但实名注册的做法已在强力推进。特别是作为媒体的专业记者，要勇于为自己的全部言论承担责任。国外对记者使用微博也有明确的规定，路透社规定在个人博客和社交网络中必须声明自己是路透社的记者，但所表达的仅仅是个人观点；发表评论时，要使用真名；如果因工作需要必须以记者的身份使用Twitter，则必须在名字前加上"路透"标签。赵某在其新浪微博上的真实身份是"央视主持人"，账号是zhaoxxcctv，还配发有个人头像，不会造成混淆或误认，这表明赵某愿意以真实的自己面对公众，是新闻人追求新闻真实理念的心理与行为投射。其次，微博发布的信息要确保真实、客观。真实是新闻的生命，微博上发布的任何信息，都要像传统媒体一样真实可靠，这是专业记者职业道德奉行的圭臬。赵某在微博上发出的消息被视为"问题胶囊"风波的源头，是被后来的报道证明为真实的信息，他恪守了新闻记者的专业精神。

2. 公共利益原则。普利策新闻奖"公共服务奖"的目标提出，公共利益是一个社会和国家的整体利益，新闻最大的价值莫过于其所揭露的问题可以换来所有人的安康和幸福，媒体的责任就在于将那些危害公众利益的事件暴露出来。因此，公共利益原则是新闻媒体、新闻记者的最高准则。也有人认为微博发声，有利于冲破报道阻力，倒逼真相。当真相隐藏在巨大的利益链条之中，尤其是在"正面报道为主"思维定式的心态下，"倒逼真相"便和"隐性采访"一样，虽然不是新闻报道的"常规武器"，却能屡试不爽地成为挖掘真相的利器。我国的新闻工作原则也明确要求，当社会利益和经济利益发生冲突的时候，要把社会利益放在第一位。因此，任何组织和个人都不得因维护自身的经济利益而牺牲社会利益。公共利益是社会利益的直接反应，媒体以自身经济利益为目标的任何"内部规定"，也必须以不牺牲公共利益为前提。因此，赵某"抢先"发布消息虽"违反"了内部规定，但他并非为个人谋利益，他在利益的权衡上并无主观上的过错。《新闻的十大基本原则》指出，新闻记者在挖掘和报道真相时不应受到阻碍，即使（媒体）所有者的经济利益受到损失也在所不惜。

3. 优先发布权原则。这一原则要求记者发布消息，要以自己服务的媒体为第一发布媒体，包括自己服务的传统媒体和其官方微博。前文提到美联社的"震怒"，一个重要原因是该社规定不得在推特上发布美联社尚未发布的新闻。路透社几乎做出了同样的规定，即记者如果要在推特中发布新闻，必须保证该新闻是路透社已经播发过的。新闻史上的那个"非洲饥饿的小女孩"的摄影照片，至今仍震撼人心、考验良知。显然，当出现"救人要紧"还是"拍照"要紧的关头，救人要放在第一位。当"问题胶囊"事关人的健康甚至生命的攸关时刻，媒体的利益也要让位于公共利益。因为如果能提前发布一秒钟，极可能多维护一个人的健康——这一最大的公共利益应该得到保护。显然，"层层请示"的新闻发布机制，只能贻误报道时机，更遑论因为"种种原因"而被"屏蔽"的新闻。当然，如果赵某能选择在央视自己的网站上公布消息，也许比较容易被接受。巧合的是，西方对于"你为谁工作"的选择上毫不含糊：新闻记者首先应该为公民服务。1999年皮尤的抽样调查显示，80%以上的被访者认为新闻"首先对读者/听众/观众负责"是"新闻工作的核心原则"。另一个心理访谈调查也表明，70%以上的新闻记者也同样把"受众"作为效忠的首要对象，远高于雇主、自己、职业，甚至家庭。

4. 媒体声誉原则。这一原则要求新闻记者时刻维护自身媒体和所有媒体的声誉。在国外，路透社规定：准确、不偏袒、真实的原则对维护路透的声誉至关重要，利用社会化媒体也要遵循这些原则。记者不能损害路透社以公正和独立著称的声誉，否则路透有权调整其报道领域和管理职位。如果情节严重，路透将会启动既定的管理程序。使用社会化媒体也没有改变记者和公司之间的雇佣关系——记者不能利用社会化媒体贬损路透社或有任何可能使路透社蒙羞的行为。英国广播公司（以下简称BBC）十分珍惜其公正和客观的声誉，员工在社会化媒体上的任何活动，不能有损BBC节目及服务的真实性，不能影响公众对主持人、制片人以及其他员工的信任，不能损害BBC公司的公正性和其他声誉。2012年3月23日，央视主持人邱某在微博上突然发炮，批评评论部无用，怒斥制片人是傀儡，其离职消息一时间被传得沸沸扬扬。他在接受采访时表示，当普通民众认为我们属于利益平台的前提下，我应该做点什么？就是要对这个平台负责，真的不能乱说话，不该丢失了肩膀上的职业担当和社会道义，让观众知道，作为国家媒体，央视是可以在一些事情上发出声音的。也许别人不懂，说我在给这个平台惹事，但再过几年，十几年，所有人都会知道，我是在为它争脸。因此，赵某"抢先"发布消息损失的可能只是暂时的经济利益，而媒体声誉并没有因此受损。相反，它应该为自己拥有"人性关怀"的记者而感到自豪才是。换句话说，不论是以个人名义还是央视名义，赵某都没有丧失一个公民的担当。而我们社会所需要的，不正是公民意识的觉醒与提高吗？而这正是一个社会民主文明程度的标志。

第五节　新媒体对"强国舆论场"的影响

——以"学习强国"为对象的思考

2019年1月25日，中共中央政治局就全媒体时代和媒体融合发展举行第十二次集体学习，中共中央总书记习近平在主持学习时强调，推动媒体融合发展、建设全媒体成为我们面临的一项紧迫课题。要运用信息革命成果，推动媒体融合向纵深发展，做大做强主流舆论，巩固全党全国人民团结奋斗的共同思想基础，为实现"两个一百年"奋斗目标、实现中华民族伟大复兴的

中国梦提供强大精神力量和舆论支持。❶

在习近平总书记讲话的精神指引下，为推动党的声音直接进入用户终端，努力占领新的舆论场，打造新型主流媒体，"学习强国"PC端和手机端于2019年元旦上线运行，一个自带正能量的"强国舆论场"悄然形成，闪亮登场。"学习强国"PC端有"学习新思想""学习文化""环球视野"等17个板块180多个一级栏目；手机客户端有"学习""视频学习"两个板块38个频道，栏目主要有要闻、新思想、时政、经济、科技、文化、国际、党史、用典、时评、思考等，聚合了大量期刊、古籍、公开课、歌曲、戏曲、电影、图书等资料。"学习强国"突出思想性、新闻性、综合性、服务性，打造内容权威、特色鲜明、技术先进、广受欢迎的思想文化聚合平台，必将为实现"中国梦"提供强大的精神力量和舆论支持。

自20世纪60年代末互联网诞生以来，各种新媒体、新传播技术层出不穷，广泛而深刻地改变了人类社会的传播生态。第43次中国互联网报告数据显示，截至2018年12月，我国互联网普及率59.6%，网民规模8.29亿，手机网民8.17亿。一个不争的事实是，以互联网为平台的新媒体不断强大，迈入主流媒体阵营，成为继传统媒体之后媒体强国的重要载体。就属性而言，新媒体不是一个单纯的新载体，更是一个新的逻辑，无论是内容本身、生产方式还是管理方式，都要围绕着趋势和变化来变革，比如要从单一的渠道变为全媒体渠道，从传者驱动变为受者驱动，从"人工创作"逐渐变为"智能+人工"的创作。"学习强国"正是新媒体在"强国新舆论场"的生动实践，主要体现在以下四个方面。

1. 拓展了媒体强国的新领域。电视问政、政务微信、政务抖音不断涌现，新媒体拓展了媒体强国新领域，既是挑战，也是机遇。领导干部要增强同新媒体打交道的能力，不断提高治国理政的能力和水平。

2. 丰富了媒体强国的新手段。媒体助力强国，需要做好传播体系的顶层设计，打造新型传播平台，建成新型主流媒体，扩大主流价值影响力版

---

❶ 新华社. 习近平主持中共中央政治局第十二次集体学习并发表重要讲话［EB/OL］. （2019-01-25）［2019-06-19］. http://www.gov.cn/xinwen/2019-01/25/content_5361197.htm.

图，让党的声音传得更开、传得更广、传得更深入。

3. 扩张了媒体强国的新内容。内容是新媒体建设的根本，是精神力量和舆论的源泉，要紧紧围绕使全体人民在理想信念、价值理念、道德观念上紧紧团结在一起的目标，让正能量更强劲、主旋律更高昂。

4. 创新了媒体强国的新途径。在智能手机普及和5G网络推动下，让主流媒体借助移动传播，牢牢占据舆论引导、思想引领、文化传承、服务人民的传播制高点。

媒体强国理念，在新媒体时代具有革命性的意义。这是因为，在漫长的人类发展史上，先后出现的报刊、广播、电视等"大众媒体"的技术突破了空间、时间的制约，实现了政党治国方略的高效传播，对于治国理政、助力强国意义重大，但与此同时，其也造成了实质上的传播壁垒，无法实现传播的全程化、全息化、全员化和全效化。一方面，媒体垄断了公共领域的话语权，"忽略"了公众的满足与需要；另一方面，公众作为"失声"、弱势的存在，不满媒体的说教。正如学者所言，"其根本原因在于媒体进化过程中的不尽完善的'偏媒体'惹的祸，因为这些'偏媒体'既缺乏表达形式的自由统合（集成），又缺乏传播内容的即时反馈（互动）"❶。直至互联网的横空出世，接近完善的"全媒体"目标即全程媒体、全息媒体、全员媒体、全效媒体才得以达到，由此信息无处不在、无所不及、无人不用。从此，"地球村"所有村民都拥有了可以在任何时候、任何地点以任何方式与任何对象进行交流的工具。

在"强国舆论场"中，党的新闻舆论工作处在意识形态斗争的最前沿，是党的一项重要工作，是治国理政、安邦定国的大事。牢牢坚持党性原则、牢牢坚持马克思主义新闻观、牢牢坚持正确的舆论导向、牢牢坚持正面宣传为主是新时代党对新闻舆论工作的根本指导原则。新时代，新媒体在强国战略中发挥越来越重要的作用，形成了相对于传统媒体的以下巨大优势。

1. 传统媒体缺乏互动性和即时性。在灾难性、突发性事件报道上时效

---

❶ 张国良.社交媒体对传播生态的影响［N］.中国社会科学报，2015-06-18（3）.

性差，互动性不理想，引导力、影响力不足，在宣传效果上落后于新媒体。"学习强国"作为新型专业性新媒体，全面呈现习近平总书记关于改革发展稳定、内政外交国防、治党治国治军的重要思想，为党员干部直接参政议政问政提供了新的平台，因内容丰富、互动友好、换取礼物等人性化设计而广受好评。

2. 传统媒体由于经济压力，存在淡化社会效益优先原则的倾向，打擦边球，趟"灰色地带"，有些媒体甚至公然违背马克思主义新闻观，致使虚假新闻、烂尾新闻、广告软文泛滥，污染舆论生态。因此，旨在弘扬社会主义先进文化，推进社会主义核心价值观宣传教育，引导党员干部带头做社会主义核心价值观的坚定信仰者、积极传播者、模范践行者的新媒体"学习强国"应运而生，成为广大党员干部新的精神家园。

3. 传统媒体在固有的惯性思维下，新闻作风和文风与大众的要求还有差距，导致舆论的导向性不能精准发力。在新媒体环境下，舆论格局发生了深刻变化，公众从网上获取信息的渠道越来越便捷，思想观念越来越多元，参与意识也越来越强。舆论生态的深刻变化，要求新闻舆论工作必须适应新媒体环境。"学习强国"作为思想文化平台，吸引党员干部直接参与国家和社会治理，是引导舆论的重要力量。

4. 传统媒体面向大众，深度报道的财力和人力投入不足，许多思想性、文化性的话题受到冷落，但这些议题通常经由新媒体发掘后，便释放出巨大的社会正能量，继而受到传统媒体的关注，最终发酵成引领性的"现象级"话题。因此，推动传统媒体和新兴媒体融合发展，坚持传统媒体和新兴媒体优势互补、一体发展，坚持先进技术为支撑、内容建设为根本，推动传统媒体和新兴媒体深度融合，"学习强国"生逢其时。

可见，新媒体对公共传播和治国理政产生了深远影响，"学习强国"是现代化强国的必由之路。"学习强国"不仅具备大众传播的媒体属性，而且是互联网思维主导下的新媒体。由此，"学习强国"等新媒体强国的生动实践，为新闻传播理论创新提供了鲜活的素材，这无疑给新闻传播学科的发展带来了新机遇。中国特色社会主义进入了新时代，坚持和发展中国特色社会主义，需要不断地在实践和理论上进行探索，用发展的理论指导发展着的实践。

　　基于上述要求，新闻传播学要以马克思主义为指导，对传统的理论、方法、技能进行改造创新，在学科体系、学术体系、话语体系等方面充分体现中国特色、中国风格、中国气派，为构建中国特色哲学社会科学体系做出贡献。只有坚持正确的政治方向，新媒体才能在中国特色新闻传播学科学体系中焕发生命力，才能在"强国舆论场"释放强大的精神力量和舆论正能量。

参考文献：

［1］刘自雄，许雯，高亚男.论美国报业面对数字化转型危机的拯救策略［J］.国际新闻界，2010（5）：76.

［2］尹韵公."走转改"的意义和价值［J］.新闻战线，2012（1）.

［3］吴飞.新闻专业主义研究［M］.北京：中国人民大学出版社，2009.

［4］雷跃捷，严俊.审视传媒转型中的中国新闻业［J］.新闻与传播研究，2010（2）：102-103.

［5］刘家伟.深化"走转改"，坚持按新闻规律办报［J］.新闻战线，2012（6）：27-28.

［6］曾庆光.马克思主义新闻观的新体现［J］.当代电视，2012（4）：60.

［7］鲁炜.马克思主义新闻观在当代中国的鲜活实践［J］.求是，2012（4）：34.

［8］丁法章.全媒体时代记者更要"走转改"［J］.新闻记者，2011（12）：6.

［9］刘笑盈."走转改"新闻报道效应与社会价值［J］.重庆社会科学，2012（4）：58.

［10］张振华.深入社会实际　践行媒体责任［J］.中国广播电视学刊，2011（10）：7-8.

［11］刘笑盈."走转改"新闻报道效应与社会价值［J］.重庆社会科学，2012（4）：60-61.

后　记

　　"少年易老学难成，一寸光阴不可轻。"趁暑期一个月的时间，突击进入书稿的最后出版环节，到现在终于可以把像样的作品呈现给读者了。"未觉池塘春草梦，阶前梧叶已秋声。"写作期间，每一道甘苦和每一滴汗水都凝结成期待和兴奋，在梧叶婆娑、秋声悠远的季节里诗意地追逐远方……

　　桃李春风一杯酒，江湖夜雨十年灯。眼前的这本书，是教育部人文社会科学研究规划基金的项目成果（项目名称：媒体融合背景下新闻主流舆论引导机制研究，项目编号：17YJA860004）。可以说，早在项目申请以前就已经着手舆论治理研究，屈指算算也有十来年的时间了。尤其在新媒体时代到来后，舆论引导面临新的机遇与挑战，也为学术研究培育了新的空间，《新媒体舆论治理研究》便是这个空间里的一盏灯，期待给热心读者送去丝丝温暖与缕缕光明。

　　本书汇聚了课题组内外多人的辛苦付出，少数章节内容先期由杂志润色发表，部分章节内容是合作的成果。在付梓之际，要特别感谢导师浙江大学吴飞教授的学术指导，感谢中国人民大学陈力丹教授给予的评阅指正，感谢同事赵宇超博士的支持和付出，感谢济南大学白洪谭博士在学术上给予的帮助与启迪，感谢《两岸传媒》杂志的李秋华和林耀老师在调研过程中给予的无私帮助。最后，要感谢我的学生苏柳、刘瑞瑞、张桃丽、曾苏文，他们参与了部分章节的写作，对本书亦有贡献，一并致谢。

　　非常感谢学校、学院领导和同事们的大力支持，特别感谢知识产权出版社陈晶晶编辑为本书付出的辛苦劳动……在此，对所有给予无私帮助和慷慨支持的师友以及为本书写作提供丰富资料的文献作者——表示由衷的感谢、感激、感恩！

郜书锴

于滨河花园

2019年9月28日